基于DEA的技术转移服务效率研究
——以青岛市为例

姜　铭/著

科 学 出 版 社

北 京

内 容 简 介

本书以技术转移服务为研究对象，对全国主要城市的技术转移效率状况进行全方位调研，运用 DEA 方法对各城市的技术转移服务效率进行定量比较和评价。本书的研究成果对技术转移服务效率评价体系的研究有一定的借鉴意义，也对各省市建设技术转移创新服务体系提供可供各级领导决策参考的工作方案。同时，本书以青岛市为例研究技术转移服务效率，将对全面提升青岛市技术转移工作的质量和效率、加快青岛创新型城市建设的步伐产生推动作用。

本书适合于科技工作者、技术转移服务的工作和研究人员、科技管理专业硕士和博士研究生等，以及高等院校、科研院所的教师和科研人员参考和阅读。

图书在版编目（CIP）数据

基于 DEA 的技术转移服务效率研究：以青岛市为例/姜铭著. —北京：科学出版社，2015

ISBN 978-7-03-045879-7

Ⅰ.①基…　Ⅱ.①姜…　Ⅲ.①技术转移–研究–青岛市　Ⅳ.①F124.3

中国版本图书馆 CIP 数据核字（2015）第 234506 号

责任编辑：马　跃　徐　倩/责任校对：贾娜娜
责任印制：徐晓晨/封面设计：无极书装

斜 学 出 版 社 出版

北京东黄城根北街 16 号
邮政编码：100717
http://www.sciencep.com

北京京华虎彩印刷有限公司 印刷

科学出版社发行　各地新华书店经销

*

2016 年 1 月第　一　版　开本：720×1000　1/16
2016 年 1 月第一次印刷　印张：8 1/4
字数：164 000

定价：52.00 元
（如有印装质量问题，我社负责调换）

前　言

科技转移服务是我国创新服务体系的重要组成部分，是推动科技创新和科技成果转化、促进科技经济深度融合的客观要求。国务院 2014 年 10 月发布的《关于加快科技服务业发展的若干意见》（国发〔2014〕49 号）中明确提出，要"发展多层次的技术（产权）交易市场体系，支持技术交易机构探索基于互联网的在线技术交易模式，推动技术交易市场做大做强。鼓励技术转移机构创新服务模式，为企业提供跨领域、跨区域、全过程的技术转移集成服务，促进科技成果加速转移转化。依法保障为科技成果转移转化作出重要贡献的人员、技术转移机构等相关方的收入或股权比例。充分发挥技术进出口交易会、高新技术成果交易会等展会在推动技术转移中的作用。推动高校、科研院所、产业联盟、工程中心等面向市场开展中试和技术熟化等集成服务。建立企业、科研院所、高校良性互动机制，促进技术转移转化"。这是调整优化产业结构、培育新经济增长点的重要举措，是实现科技创新引领产业升级、推动经济向中高端水平迈进的关键一环，对深入实施创新驱动发展战略、推动经济提质增效升级具有重要意义。

党的十八届三中全会以来，青岛市抢抓国家技术创新工程和国家创新型城市"双试点"机遇，着力建设"国家科技成果转化（青岛）服务示范基地"，以改革为突破，以技术转移、转化为主线，围绕产业链部署创新链，针对创新链完善资金链，打通科技和经济社会发展通道，创新驱动发展战略取得显著成果。但与其他城市相比青岛市仍然存在一些问题，围绕科技成果转移、转化的工作目标所形成的技术转移创新服务体系的作用和影响力，还远不能适应现实的需求。青岛市在加强技术转移、创新服务体系、优化转化效率、提升转化能力等方面有十分紧迫的需求。

本书是 2015 年度青岛市软科学项目"青岛市科技成果转化效率评价及服务体系构建研究"的阶段性研究成果，项目编号为 15-9-2-1-（14）-zhc。

本书对青岛市技术转移状况进行全方位调研，并比较研究国内其他城市（如北京、上海、深圳、南京、大连等）的技术转移状况，根据调研成果初步提出青岛市建设完善科技创新服务体系的基本方向。

本书构建适用于评价技术转移服务效率的定量模型，采用前沿面分析技术的数据包络分析（data envelope analysis，DEA）方法，对 16 个副省级城市和直辖市的技术转移服务效率进行定量评价，得到青岛市技术转移服务效率值并确定其在全国主要城市中的位次，以及各指标的 DEA 无效比和效率改进值，结合青岛实际找出提高技术转移服务效率的对策。

　　本书对青岛市技术转移服务效率评价及服务体系构建的研究，可为制定技术转移创新服务体系建设提供可供各级领导决策参考的工作方案，对促进科技、经济、社会的协调发展，全面提升青岛市技术转移工作的质量和效率，加快青岛创新型城市建设的步伐将产生推动作用。

　　本书研究领域属于交叉学科，需要结合多学科的理论，采用多种研究方法，才能得到理想的研究效果，由于作者水平有限，存在疏漏之处在所难免，希望读者批评指正。

姜　铭

2016 年 1 月

目　　录

第1章 绪 论

1.1 研究目的

科技创新服务体系是运用科学技术和知识向社会提供研发设计、科研条件、创业孵化、技术交易、知识产权、投融资等专业化服务的各类科技服务机构和平台及其人员构成的新型服务体系。加强科技创新服务体系建设能够有效整合创新资源，降低创新成本，提高创新效率。而建立基于技术转移的科技创新服务体系是增强企业自主创新能力、培育战略性新兴产业的迫切需要，是实现创新驱动发展的根本保证，是建设创新型城市的重要内容。

2012 年全国科技创新大会印发的《关于深化科技体制改革加快国家创新体系建设的意见》，明确提出要"完善技术交易市场体系，加快发展科技服务业"，科学技术部已启动国家技术转移促进行动，组织实施"中国创新驿站"建设，科技服务体系建设已纳入国家创新体系建设的重点规划，并在满足中小企业创新需求、推进产学研合作和提高企业技术创新能力等方面发挥出重要的作用。

随着我国市场经济的不断发展，以创新驱动为核心的新经济体系和格局正在形成。2015 年《政府工作报告》提出，要加快实施创新驱动发展战略，改造传统引擎，打造新引擎，推动大众创业、万众创新，而技术转移、转化就是创新驱动、万众创新的主要内容之一。《中共中央国务院关于深化体制机制改革加快实施创新驱动发展战略的若干意见》指出，要营造激励创新的公平竞争环境，建立技术创新市场导向机制，强化金融创新的功能，完善成果转化激励政策，构建更加高效的科研体系，创新人才机制，推动形成深度融合的开放创新局面，加强创新政策统筹协调。我国还对施行了近 20 年的《促进科技成果转化法》进行首次修订。技术转移的问题再次被关注和热议。

历经多年建设，青岛市技术转移的创新服务体系已具有相当基础。其中，"以搭建创新平台建设"为核心的科技创新工程，已初步完成以中小企业创新服务、科技中介专项服务等 10 类平台为重要载体的科技创新服务系统建设；以青岛市科技研发服务中心的成立为重要标志，已初步形成向全社会科研人员和科技企业提供科技资源共享、科技事务服务、科技成果转化、专业技术服务等业务，推动科研成果向企业转移、转化的服务体系。此外，青岛市生产力促进中心的建设、各个创新和创业示范园区的建设、科技评价和创新引导体系的完善，以及包括孵化器在内的创新服务组织的培育，对有效提升青岛市技术转移的水平和效率产生重要推动作用。

尽管如此，与建设创新型城市的需求相比，青岛市的科技创新服务机构仍然存在综合服务能力不强（小、散、乱，主营业务不明、无序竞争）、服务市场供需不旺（服务市场体量小、层次低）、基础建设滞后（服务链不完整、不衔接，能量不强、质量不高，公共信息服务渠道不畅、功能不健全）、配套政策和行业规范体系不完备（法律法规和政策体系不健全、市场运行不规范、服务机构公信力低）、专业队伍素质偏低等问题，围绕技术转移的工作目标所形成的科技创新服务体系的作用和影响力，还远不能适应现实的需求，加强技术转移过程中的创新服务体系和机制建设仍具有十分紧迫的意义。

本书开展的"基于 DEA 的技术转移服务效率研究"，通过对青岛市技术转移、转化发展基本状况的调查，寻找影响青岛市技术转移服务体系发展的突出问题及其原因；将青岛市技术转移服务效率水平与国内其他城市进行比较，运用 DEA 效率评价方法分析青岛市在技术转移服务效率上的优势与不足，并提出效率提升方案；通过国内外相关经验的比较研究，分析技术转移、转化的特点和发展趋势，并在此基础上，提出完善技术转移的创新服务体系、机制的目标；以技术转移为主线，运用各种理论研究科技服务机构在区域创新体系中运行的机制规律，建立技术转移的创新服务体系；关注技术转移、转化的输出质量和能力，分析科技中介、技术市场、新技术交易领域成长和传统技术交易领域延伸服务的重要影响，进而对青岛市技术转移创新服务体系建设中的体制和机制障碍进行剖析，提出推动青岛市技术转移创新服务体系建设的政策建议。

1.2　研　究　意　义

党的十八届三中全会以来，青岛市抢抓国家技术创新工程和国家创新型城市"双试点"机遇，着力建设"国家科技成果转化（青岛）服务示范基地"，以改革为突破，以成果转化为主线，围绕产业链部署创新链，针对创新链完善资金链，打通科技和经济社会发展通道，创新驱动发展战略取得显著成果。青岛市近几年陆续出台了技术转移、转化促进的意见、条理和办法等，如《关于加快推进科技改革发展的若干意见》《青岛市技术转移促进条例》《青岛市技术转移服务规范》《青岛市科技咨询业服务规范》《青岛市科学技术局促进科技成果转化技术转移专项补助资金实施细则（试行）》《青岛市科技成果转化技术转移体系建设方案》，增强了科技成果转移转化的政策扶持力度。同时，大力培育和繁荣技术市场，加快科技成果转化：在青岛国家高新技术产业开发区（简称高新区）建成青岛技术交易市场和蓝海技术交易网，促进了技术成果的公开交易和转移；加强技术市场人才队伍建设；创新财政科技经费使用方式，强化科技金融对成果转化的支撑；组建青岛海洋科技成果转化基金，形成科技成果资本化服务新业态。

但同时，与建设创新型城市的需求相比，青岛的科技成果转移转化仍然存在一些问题，围绕科技成果转移、转化的工作目标所形成的技术转移创新服务体系的作用和影响力，还远不能适应现实的需求。青岛市急需在加强技术转移、转化过程中创新服务体系、优化转化效率、提升转化能力。本书对青岛市技术转移服务效率评价及服务体系构建的研究，可为技术转移创新服务体系建设提供可供各级领导决策参考的工作方案，对促进科技、经济、社会的协调发展，全面提升青岛市技术转移工作的质量和效率，加快青岛创新型城市建设的步伐将产生推动作用。

1.3 国内外研究趋势

从 20 世纪 60 年代联合国提出技术转移这个概念开始，伴随全球范围内技术转移活动的日益兴盛，有关技术转移的理论研究已成为科技创新研究领域内非常重要的一部分。

1.3.1 国外对技术转移服务的研究

Tran 等研究了从政府部门到行业的技术转移，比较了发达国家（如美国）政府技术转让的状态与发展中国家的不同[1]；Rebentisch 和 Ferretti 提出了技术转移的综合框架，研究了技术知识、操作流程及结构不同的组织之间的不同知识类型，并对各类知识之间的关系进行了分析[2]；Siegel 等分析了研究型大学的技术转化、技术转让和知识转移机制，以及促进知识成功转移的关键问题，揭示了三个关键利益相关者（大学管理者、学者和企业/企业家）之间的障碍[3]；D. Harris 和 F.J. Harris 运用社会技术系统方法提出了一种新的研究框架，以保证技术转移成功的可能性[4]；Minutolo 和 Potter 分析了知识产权跨边界转移的机制，讨论了发明者动机，论证了影响发明成果顺利实施技术转让的方案[5]。

另外，Gibson 和 Smilor 建立并改进了技术转移理论，通过分析四个变量的交互性、文化和地理上的差距、技术的模糊性，论证技术转移动机是组织内部和组织之间技术转移成功与否的关键因素[6]；Phillips 分析了科技企业孵化器提供的技术转移机制，以及支持小企业发展的经济发展战略[7]；King 和 Nowack 通过案例研究，阐述了国内外技术转让与政府政策的关系，探索影响技术转移的各类因素及其相互之间的关系[8]；Malik 认为，由于许多工业企业都面临着竞争和市场的不确定性、经济全球化和不断上升的 R&D 费用等现实挑战，技术转移活动的战略重要性不断增加[9]；Lee 等分析了评价和选择关键技术的意义，认为在购买新设备时应将关键技术的转移过程作为重要评估对象[10]；Guan 等探讨了中国工业企业技术转移和创新效率之间的关系，认为中国制造业的创新活动不可能通过从国外引进关键设备和仪器的方式实现，而应根据自己的技术吸收能力和转化能力，促进技术转让和贸易伙伴间的合作[11]；McAdam 等提出应重视以知识为基础的经济发展，促进大学和企业界的互动，通过从学术到产业的技术转移，加速产业结构调整和地区经济发展[12]。

1.3.2　国内对技术转移服务的研究

孙红燕和刘志彪阐述了我国本土企业国际代工中技术转移的主要途径，认为与外资企业相比，我国本土企业国际代工份额和技术转移程度的差距不是在缩小，而是在扩大[13]；许斌等通过对技术转移动态过程和技术转移模式的研究，分别从认知嵌入性、文化嵌入性、政策嵌入性和环境嵌入性四个方面，分析了嵌入性对不同模式技术转移过程的影响[14]；崔学勤等根据技术转移过程中技术受方的性质，提出中资企业应在引进技术的同时，加强消化吸收，并重视与外国企业开展联合研发，最终获得创新能力[15]；安同良等认为，技术转移渠道研究的框架可以从扩散源及技术属性出发进行构建，并对国际贸易、外商直接投资（foreign direct investment，FDI）、合作 R&D、产业集群和科技中介这五种技术转移渠道进行细分[16]；姜黎辉和张朋柱提出了跨国合资企业（international joint venture，IJV）稳定性的三个判断要素，一是现实贡献率，二是要素之间的依赖度，三是合作满意度，并构建了技术转移方的 IJV 稳定性预期与技术转移决策的关系模型[17]；顾保国等提出由于技术对经济持续增长的动力作用，跨国公司技术转移在世界经济发展中扮演着越来越重要的角色，其对东道国尤其是发展中国家经济、社会发展的影响日益扩大[18]；伍虹儒通过对在华德国企业进行问卷调查，分析了德国企业对华技术转移特征，结果表明，德国企业对华技术转移主要以硬件技术为主，文字资料和默悟技术转移偏少，且后两者转移层次较低，据此判断，德国企业对华技术转移仍处于初级阶段[19]。

另外，刘洪民结合国家技术转移促进行动的实施，从技术转移机构建设、知识产权管理办法、科技人员评价机制、专业人员培训等方面提出了加强新型大学技术转移体系建设的意见[20]；侯健敏和党兴华提出了对区域创新能力有重要影响的两个因素，即研发合作及技术转移，并归纳出了研发合作中能显著提升区域创新能力的四个主要方面，包括知识获取能力、知识创新能力、技术创新能力、技术转移能力等[21]；刘和东和施建军运用协整检验、误差修正模型、脉冲响应函数和方差分解等计量方法，对我国自主创新能力、技术转移能力与经济增长间的关系进行了实证研究，认为应全力提升自主创新能力和技术转移能力，以促进经济的可持续增长[22]；罗鹏和钱永坤通过日资在华企业日方管理人员的问卷调查，从微观视角分析了跨国公司技术转移对企业战略、东道国市场的影响[23]；郑迎飞和陈宏民认为，东道国规定外资参股上限，降低了外资银行的技术转移动机，外资银行在国内银行的参股比例越高，则其对合资银行的技术转移程度越高，而对其新建投资银行的技术转移程度越低[24]。

周凤华和朱雪忠以2000～2004年国内58所高校的统计数据为基础，探讨可量化的技术转移资源对大学技术转移产出的影响，建立了基于不同技术转移类型的人力和财力投入、专利申请、授权专利、专利合同和合同金额等技术转移产出的关系模型[25]；郑伟从科技支撑和引领经济发展的视角，构建了技术转移综合指数，并运用适应性分析、回归分析、协整分析及脉冲响应函数分析等研究方法，对我国技术转移与经济增长的关系及贡献进行实证研究，并给出了相关的政策建议[26]；贾利军提出吸纳跨国公司的转移技术不能忽视我国的技术创新，这是实现经济可持续增长的根本所在[27]；李海超在阐明国防军工技术转移效益评价内涵的基础上，将模糊综合评价引入国防军工技术转移成功度评价之中，提出了国防军工技术转移效益评价方法[28]；陈占勇等分析了非对称信息条件下静态技术的转移模式，并通过对影响技术转移活动的成本-收益动态分析，探讨了多主体参与技术转移的成本约束及缓解约束的条件[29]；朱方伟等认为，提高技术转移效果的关键是提高技术成果研发过程中隐性技术知识的转化程度，并对隐性知识的分类挖掘及其显性化进行了探讨[30]；和金生和崔巍借鉴现有的商务谈判方法，提出了适用于技术转移的、以引导双方在谈判中达到共赢的协商谈判系统方法[31]；陈珠明研究了国际贸易中的技术转移机制，分析了技术转移的必然性，以及技术引进和区域间的技术转移对产业经济结构变化的意义[32]。

1.3.3　研究发展趋势

回顾半个世纪以来的研究历程可以看到，该领域涉及的内容十分广泛。其中，从技术持有方立场出发的研究，不仅强调科技成果转化的重要性，而且特别关注技术价值的广泛认知和充分补偿；从技术引进方立场出发的研究，在关注技术成果自身品质的同时，更特别关心其与市场的吻合度；从区域经济整体效率出发的研究，则往往将研究视角定位于科技成果转化的区位效能及其产生的经济效应、社会效应和环境效应。

近年来，关于科技成果转化服务体系的研究同时还表现出三个新的动向：一是创新服务组织的研究开始涉及服务产业链和服务边界等前沿问题，创新服务机制设计拥有了更广阔的视域；二是创新服务体系的研究更加关注环境变量完善的路径，建立覆盖全社会的科技成果转化服务系统的思路日渐清晰；三是创新服务中共享机制的研究不断深入，创新服务资源的整合受到密切关注。此外，科技成果转化服务模式及政策体系等方面的研究也都产生了许多重要的研究成果。

1.4 研 究 方 案

1.4.1 研究内容

1. 青岛市技术转移的现状调研

本书将对青岛市技术转移发展状况进行全方位调研，调研领域包括技术市场、科技体制改革成果、促进技术转移的政策、技术转移中介服务机构情况、研究机构技术转移情况、企业技术需求、技术转移平台建设等。针对在技术转移中比较活跃的服务机构或创新成果比较突出的单位进行问卷调查及分析。同时，将对国内其他城市（如北京、上海、深圳、南京、大连等）的技术转移状况进行调研，总结我国技术转移较完善城市的经验，并根据调研成果分析青岛市技术转移实践中遇到的各种障碍，提出青岛市实施技术转移、完善科技创新服务体系建设的基本方向。

2. 青岛市技术转移服务效率评价

本书拟在调研青岛市及全国主要城市技术转移现状的基础上，对各城市技术转移服务效率进行评价，进而得到影响技术转移服务效率的主要因素，并根据模型研究结果，进一步分析青岛市技术转移的无效性及其改进值。研究工作包括：借鉴有关技术转移服务效率的定量评价模型，建立适用于本书研究的效率评价模型，拟采用前沿面分析技术的 DEA 方法以适应多投入、多产出模式的技术转移服务效率评价；以全国主要城市技术转移为样本，以调研数据为基础，设计效率评价指标体系，对各城市技术转移服务效率进行 DEA 定量评价，得到青岛市技术转移服务效率值并确定其在全国主要城市中的位次、各指标的 DEA 无效比及效率改进值；分析 DEA 模型效率评价结果，对影响技术转移服务效率的因素进行经济学分析，结合青岛实际找出提高技术转移服务效率的对策。

3. 提升技术转移能力的政策调研及国际经验借鉴

本书将在对各城市技术转移服务效率定量评价基础上，对我国各地区促进技术转移的政策及其效果进行归纳，特别是对已达到 DEA 相对有效的城市制定的一系列技术转移政策和科研、投资、政策环境的优化措施进行分析；对利用价格、金融、财政基金补贴等工具推动技术转移的对策进行影响度分析，并指出可吸纳和借鉴的内容；对工程技术中心、生产力促进中心、科技成果交易所、科技咨询机构等技术转移中介机构的地位和作用，尤其是发展趋势和未来模式进行解析。同时，对美国、日本、德国、法国、加拿大等工业发达国家技术转移的服务机构设置、科技信息网络建设、技术咨询和服务体系配置、专利许可和科技成果转让、合作开发等促进技术转移模式进行全方位的梳理和总结，以供青岛市技术转移服务体系建设借鉴。

4. 技术转移内在动力机制的研究

本书对技术转移内在动力机制进行了深入研究。研究工作包括：一是从宏观角度，对技术转移系统及其复杂性进行分析，采用不同理论及方法对技术转移的风险机制、动力机制、市场机制和保障机制进行分析，提出完善技术转移系统内在运行机制，为技术转移创新服务体系建设创造一个良好的"软环境"的工作建议。二是从微观角度，对技术转移的微观机制进行系统分析，论证利益驱动是技术转移赖以形成和发展基本动力的观点；对技术转移机制进行定量分析，研究企业技术转移投资决策机制，并对技术转移市场机制随机不确定性进行定量分析，论证技术转移的进化过程，分析技术转移进化过程中的相关博弈活动。此外，综合宏观、微观两个角度，对各个模型进行经济学分析，得出技术转移的内在动力机制的经济学启示。

5. 青岛市技术转移创新服务体系对策研究

根据本书研究的阶段性成果，得出青岛市技术转移创新服务体系建设的对策，研究领域包括：政府政策引导科技成果向现实生产力转化的方式和方向；推动企业成为技术转移主体的路径和措施；促进大学科技园建设和发展的政策建议；加强技术转移的中介服务体系建设，提高技术转移服务效率的基本原则和实施方案；发展风险投资体系，实施技术转移的"资本化"策略，解决技术转移资金不足的范式和推动措施；改革高校和科研机构科技成果管理体制和评价体制，建立科技成果的市场评估模式，确定合理利益分配机制的目标和措施；加强政、产、学、研合作，培养技术转移人才的意义；加强知识产权保护，完善技术转移政策，多层次、多渠道、多元化增加研发投入，建立技术转移的支持系统，完善技术转移创新服务的信息网络，加强科技成果推广支持系统等方面的措施。

此外，本书研究还将涉及创新经济学、知识产权战略、创业管理等多个领域，形成学科交叉的研究优势，并将特别加强技术转移的现实状况调查、发展趋势预期、国内外经验比较等方面研究成果的协调性。

1.4.2 研究方法与技术路线

1. 调查研究

本书将采用现场访问、电话调查、网上调查、邮寄问卷等形式调研青岛市技术转移的具体情况。

2. DEA 方法

本书将对全国各主要城市的技术转移服务效率进行 DEA 分析,得出各决策单元（decision making units，DMU）的相对效率和无效率比值。

3. 比较研究法

本书将对青岛市与其他主要城市、我国与发达国家的技术转移进行比较研究,以获得对青岛市技术转移创新服务体系建设的有益经验。

4. 归纳总结法

在归纳总结国际国内政策,提出青岛市技术转移创新服务体系对策时将运用此方法。

本书将以技术转移为研究中心,围绕加强青岛市技术转移创新服务体系建设这一逻辑线索,遵循如下路径开展研究。

第一,国内外研究现状分析和相关理论总结。目标任务是,通过对技术转移的科技创新服务体系过程情况、运行效率、工作效果及支持系统进行全方位的解析,对青岛市技术转移创新服务体系、机制情况给出客观公正的评价,并发现存在的问题及问题产生的原因。

第二,国内重要城市之间的技术转移服务效率状况比较。目标任务是,运用 DEA 分析技术,对我国若干重要城市技术转移服务效率进行横向比较,获得各城市的相对 DEA 有效性结果和无效率因素及取值,为后续的对策研究及其技术转移创新服务机制的建设提供参考的依据。

第三,归纳国内达到 DEA 有效的城市及国际上技术转移较成熟国家的成功经验,为青岛市技术转移创新服务体系建设和能力提升提供有益的借鉴;进而,分别从宏观和微观视域分析技术转移创新服务机制建设的任务,以及其中蕴涵的经济学启示。

第四,提出技术转移创新服务体系建设的方案和政策建议。目标任务是,将本书研究的一般理论与青岛市面临的现实问题相结合,提出未来一个时期青岛市技术转移创新服务体系建设和机制改造的路径和实现既定工作目标的各项任务。

本书的技术路线如图 1-1 所示。

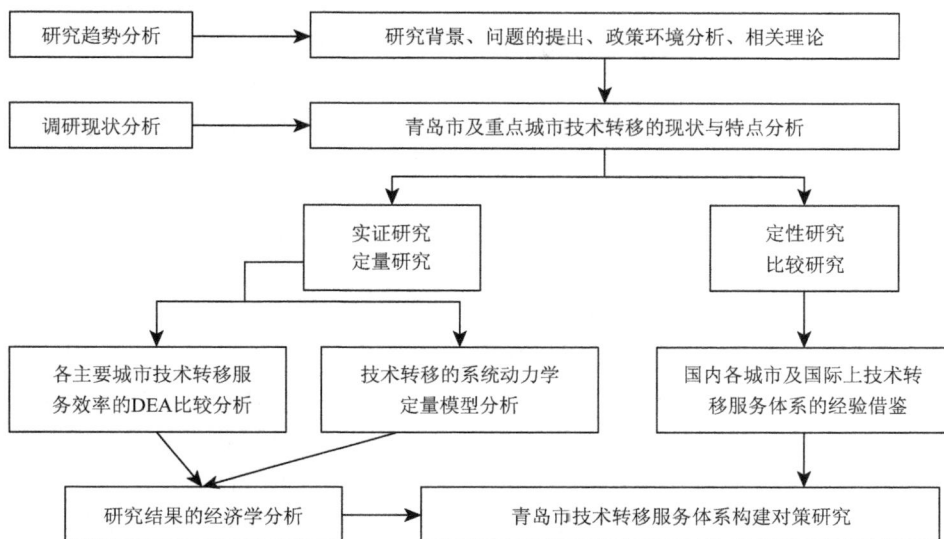

图 1-1　研究技术路线示意图

1.4.3　拟解决的关键问题

1. 影响青岛市技术转移服务效率的主要因素

在青岛市技术转移发展过程中，存在着许多阻碍技术有效转移、转化或交易、产业化等的影响因素，这些因素在一定程度上影响了技术转移服务体系功能的有效发挥。本书拟通过对青岛市技术转移现状的摸底调查，以及对青岛市与全国各主要先进城市的技术转移服务效率的对比分析，得出影响青岛技术转移服务效率的主要因素，为青岛市建立技术转移服务体系和提出对策建议提供计量统计基础。

2. 青岛市技术转移的内在机制

青岛市技术转移服务体系的功能体现在从宏观上引导/指导青岛市的科技转移、成果转化，为有效降低交易成本和机会成本、实现科技成果的经济价值、提高技术交易成功效率提供良好的外部环境；而这一功能实现的前提是青岛市技术转移服务体系本身有一个完善、高效的内在运行机制。本书拟从宏观、微观两个角度分析青岛市技术转移的内在机制，研究技术转移服务的风险和内在动力，为青岛市技术转移服务体系建设提供理论基础、工作方案和不同阶段的工作任务。

3. 青岛市技术转移服务体系构建的对策

青岛市技术转移创新服务体系的机制建设，要求提供一套系统、完整的工作方案和保障措施，并需要落实相应的激励计划和督查。本书将通过青岛市技术转移服务效率的比较研究、各类创新服务组织及其活动内容的现状调查，以及国内外技术转移服务政策的比较研究，提出保障青岛市技术转移创新服务体系运行的对策建议。

1.4.4　创新之处

1. 采用 DEA 方法分析技术转移服务效率

DEA 是一种以相对效率概念为基础、以凸分析和线性规划为工具的有效的效率评估方法。根据 DEA 特点及研究对象特性，本书拟运用 DEA 技术对青岛市技术转移服务效率进行评价，对青岛市技术转移服务效率的位次进行排位，并得出 DEA 相对效率影响因素的无效率比及其数值，从数据统计分析角度得出青岛市促进技术转移的改进方向。

2. 提出青岛市技术转移服务体系切实可行的对策建议

这是本书最主要的创新成果，也是本书的主要研究目的。通过对技术转移的调研、系统归纳和理论研究，提出一套完整的规划和对策建议，以促进青岛市技术转移的发展。

第2章　相 关 理 论

2.1　科技活动及其投入

2.1.1　科技及科技活动的概念

1. 科技

科技就是科学与技术的合称。科技是人类认识自然和改造自然的重要工具。单独来解释，科学即关于自然、社会和思维的知识体系，任务是寻找事物在发展过程中的客观规律，以揭示客观真理，技术是指根据生产的实践经验和自然科学的原理发展而成的各种工艺方法和技能。科学是一种纯理论知识，一般不考虑直接的生产应用问题，而技术是人类在生产实践中具体应用的知识和技能。因此，科学与技术的根本区别就在于，技术具有在生产实践中的直接应用性的特点，科学则不然。

但是到了当代，科学与技术的内在联系就更加紧密了，科技多被看成一个整体而难以划分。具体来说，科学是技术发展和提高的基础，以激发和加速技术革命；很多重大的科学课题是由技术发展的需要提出的，而且技术为科学研究活动提供必需的设备和验证环节，使科学理论能作用于社会经济发展。实际上，科学技术化和技术科学化是当前同时并存的两种趋势，并且现在只有"科技"才能完整地表达出科学和技术的完整内涵。

2. 科技活动

科技活动就是指与产生科技知识、发展科技知识、传播科技知识密切相关的兼有组织性和创造性的科学技术领域的工作。国内外学者对科技活动进行过不同分类，具体到我国，统计主管部门和科技主管部门常常把科技活动的类型划分为成果推广应用、科技服务、研究开发三大类。目前国际上普遍认可的科技活动统计标准，是以 20 世纪 80 年代经济合作与发展组织（Organization for Economic Co-operation and Development，OECD）提出的基础研究、应用研究和试验开发三分法为权威解释来定义的研究开发。国际和国内在统计分析研究科技活动时主要集中在研究开发方面，因为科技活动中的创作和创新部分多集中在研究开发上。而三分法中的基础研究，是一种无任何特定应用或使用目的的实验性或理论性研究工作，具有一定的未知性、风险性和不确定性，其开展目的是获得一些关于可观察事实和现象的基本原理的新理论。基础研究的科技成果通常都比较抽象难以理解，尽管它是具有普遍正确性的理论和定律，但是由于它不能转化为直接生产力，直接用于市场交易的很少。

应用研究主要用来探索基础研究中的科学理论是否具有市场推广性、实践性等特点，是针对某一特定的实际目的而进行的独创性工作。应用研究的成果也不能直接计量，因为它只是新技术的应用构想和技术原理，同样不可以转为直接的生产力。试验开发是指为了改善已经生产的材料、产品的质量或特性，而利用科学研究或实际经验中获得的新知识，达到指导新产品、新材料和新设计的目的。试验开发一经开发成功即可为社会经济服务，具有很高的市场应用价值。

综上所述，不管是研究开发还是科技成果推广或科技服务，科技活动同其他生产劳动无差别地体现为物化劳动和活劳动的消耗，并且都应当称得上是技术人员的一种创新性的工作。需要说明的是，这里的劳动消耗和物化劳动是指科研人力、科研经费、固定资产等科技投入，劳动成果（如论文和专利）则体现为科技活动的产出。

2.1.2　科技投入及其构成

1. 科技投入

从广义的角度说，所有投入到科学技术上的资源都可以被归为科技投入，具体项目包括：科技的资金投入、人力的投入、物资的投入、政策的投入、管理的投入和技术的投入等。科技投入以来源划分为政府、企业和其他社会单位。但是不同国家和地区，其科技投入主体的投入比重也各有不同。引起科技投入的差异原因有很多，主要是由各地区不同的社会经济发展状况所决定的，资源分布、产业结构等地域因素也对其产生一定的影响。人类的任何生产实践活动都必须投入必要的资源。因此，科技投入是科技创造性劳动的重要物质基础，是构成"第一生产力"的重要因素。

而狭义的科技投入仅仅是指投入到科学技术上的资金。根据广义的科技投入的定义我们不难发现，科技投入是多种要素投入的综合，在实际科研活动中，各类要素的投入和使用不是彼此独立、互不关联的，而是相辅相成、相互补充、相互促进的。举例来讲，如果投入科研人员的数量不足，将会直接影响到科研经费的分配和使用，从而降低整体科技投入的产出效率，进而影响到科技工作完成的速度和质量；不过也可以利用更优的投入要素去弥补人力资源的匮乏，如利用其他力量或者采取团队研发的方式使科研活动加速开展。科学技术发展已经初步形成了纵横交错的强大网络格局，当代科技投入最显著特点是高投入，不仅要求数量高，而且要求质量高。

本书研究的政府科技投入是指政府支出中用于科学研究和技术开发等方面的资金投入，即财政科技拨款，其按预算科目主要包括科技三项费用、科学事业费、科研基建费三大类。

2. 科技投入的构成

科技活动的内容决定着科技投入的内容，匠此科技投入与科技活动存在相通性。科技投入是支持开展科技活动的投入，也是生产性的投入。根据联合国教育、科学及文化组织的定义，结合我国国情，科技活动的全部内容应包括研究与发展活动、科技成果的转化和应用活动、科技服务活动三大部分。其中，研究与发展活动包括基础研究、应用研究和试验发展；科技成果的转化和应用活动包括设计与试制、小批试制、工业性试验等；科技服务活动包括计量、标准、统计等。

科技经费包括科技三项费用、科学事业费、科研基建费、国防事业费、企业对科技项目的资金性投入、地震海洋事业费中用于科研的经费项目及科技贷款等。其中科技三项费用是指国家为了支持科技事业发展而特别设立的新产品试制费、中间试验费及重大科研项目的补助费，它们组成了国家财政科技拨款的重要部分，并且是实施中央和地方各级重点科技计划项目的重要资金来源。科技三项费用主要投放到了软科学研究费、标准补助费、工业性试验费、军转民项目费、重点实验室费、技术开发费、星火计划费、科技攻关费、部门分项费、其他项目费等 10个方向。而构成科技投入的另一主要内容——科学事业费则包括自然科学事业费，也就是各部门研究机构的经费、社会科学事业费、科协事业费、高技术研究专项经费等。科学事业费主要是用于上文提到的单位的人员费用、业务费用和研究费用等。科研基建费是财政部门下发给各部门基建费中的专门用于购置科研仪器、设备等的费用，其中也包括科研工作者生活用房的建筑费用。科技贷款，是金融机构对科技成果转化和应用的资金性的贷款投入。国防事业费是指维持国防科研事业发展的费用。海洋事业费是指包括海洋资源调查和南极科考在内的调查经费。地震事业费是指支持地震预测等具体科技活动的费用。

科技投入按照其投入主体的不同可以划分为政府科技投入、非政府科技投入、金融机构对科技活动的贷款。

政府科技投入可以从狭义和广义两个角度来理解。狭义上的政府科技投入仅仅指财政支出中用于科学研究和技术开发等方面资金的投入，即财政科技拨款，按预算科目主要包括科技三项费用、科学事业费、科研基建费三部分。随着科技预算科目的细化也有了国防事业费、地震海洋事业费中用于科研的经费项目等内容。广义上的政府科技投入不再仅仅局限于直接的经费支出，并且还囊括了所有能够促使科技发展的政策工具和人员投入等内容。进一步说，它不仅包括上文我们提到的财政科技拨款，即直接的经费支出，还包括如税收优惠、财政贴息、贷款担保、政府部门为促进科技发展而配备的人力资源、用于研发的器材设备等政府的间接扶持。特别需要说明的是，由于目前除了税收优惠政策使用的较多并且较成系统之外，其他的政府间接扶持手段仍未得到广泛应用，且缺乏必要的制度约束，本书只针对狭义的政府科技投入进行研究。

非政府科技投入主要是由研究与开发机构、高等院校和企业用于本身科技进步的自筹经费等几部分投入构成的。来自研究与开发机构和高等院校的非政府科技投入是将依靠科技成果转化为商品所取得的收入用于科技再投入。企业科技投入就是指企业从成本和利润中提取的科技再投入费用，具体来说，是指用于新工艺、新产品、新材料的试制和开发等科研项目支出的人力资源和设备器材，包括实验室样机、样品、样件、中间试验和工业化适应性试验等投入。

2.1.3 政府科技投入的使用方向

政府的科技投入可以按照资助对象、科技计划、研究性质的不同划分其使用方向。

1. 基于资助对象来划分

政府科技投入的流向按照资助对象的不同可以分为三大类，分别是各类符合资助条件的企业、以大学为代表的高校研究机构和以国家实验室为代表的国家科研机构。以大学为代表的高校研究机构通常进行学术性的基础知识研究，它只是一种潜在生产力，一般不用于市场交易。以国家实验室为代表的国家科研机构研究是以实现国家科技计划服务为目的的，如国防、能源、环境及其他公共科技事业。因此，我国在制定科技政策的时候，会对高新技术企业以一定数额的资金扶助，以促进科技成果的转化。

2. 基于科技计划来划分

在我国，国家的科技计划是政府组织科技活动的基本形式，不但指导科技资源优化配置，而且主导我国科技的发展走向和布局。因此，政府的科技投入按照科技计划和主导的方向不同来划分，可以分为促进高新技术及其产业发展的科技计划、面向经济建设的科技计划和加强基础研究的科技计划。促进高新技术及其产业发展的科技计划是指包括火炬计划、863 计划在内的高科技计划。面向经济建设的科技计划包括国家重点工业性试验项目计划、星火计划、国家科技成果重点推广计划、国家工程技术研究中心建设计划在内的国家重点科技计划。加强基础研究的科技计划是指 973 计划、攀登计划和国家为了改善科技条件的实验室建设计划等。除此之外，国家重点大学，即"211 工程"等，也属于国家财政科技资金支出的范围。

3. 基于研究性质来划分

政府科技投入中的研发部分按照研究的性质不同，可分为应用研究投入、试验开发投入和基础研究投入。基础研究是一种无任何特定应用或使用目的的实验性或理论性研究工作，具有一定的未知性、风险性和不确定性，其开展目的是获得一些关于可观察事实和现象基本原理的新理论。基础研究的科技成果通常都比较抽象、难以理解，尽管它是具有普遍正确性的理论和定律，但是由于它不能转化为直接生产力，直接用于市场交易的很少。应用研究主要用来探索基础研究中的科学理论是否具有市场推广性、实践性等特点，是针对某一特定的实际目的而进行的独创性工作。应用研究的成果也不能直接计量，因为它只是新技术的应用构想和技术原理，同样不可以转为直接的生产力。试验开发是指为了改善已经生产的材料、产品的质量或特性，而利用科学研究或实际经验中获得的新知识，从而达到指导新产品、新材料和新设计的目的。试验开发一经开发成功即可为社会经济服务，具有很高的市场应用价值。

2.2 技 术 转 移

技术转移，又叫做科技成果转化，出自英文的 "technology transfer"，是指技术从一个地方以某种形式转移到另一个地方。它包括国家之间的技术转移，也包括从技术生成部门（研究机构）向使用部门（企业和商业经营部门）的转移，也可以是使用部门之间的转移。技术转移的途径很多，其基本形式可大致归纳为如下几类：技术许可证、产学研结合、设备和软件购置、信息传播、技术帮助、创办新企业、企业孵化器等。

2.2.1 技术转移的特点

1. 定向性

技术在空间上发展的不平衡是技术转移及其定向性的内在根据。从技术效率与功能的角度，可以把技术内容定性为尖端技术、先进技术、中间技术、初级技术、原始技术五种级差形态。任何特定技术都能从中"对号入座"。当然，这种座次是变动的，随着技术的发展，大体呈依次后移的态势。正是技术效率与功能上的"级差"，造就了不同技术所特有的技术"势位"，也赋予它特有的运动"惯量"和特定的运动方向。只要技术形态之间存在着技术势位的"落差"，技术就会由高势位向低势位发生转移，表现为技术上先进的国家、地区、行业、企业向技术落后的国家、地区、行业、企业实行技术让渡，前者是技术的溢出者，后者是技术的吸纳者。同时，技术转移实践表明，在技术定向转移过程中，技术转移的"惯量"、成术和效应与技术之间势位的"落差"成正向变化，而转移的频率及成功率与技术势位的"落差"成反向变化。

2. 功利性

人类社会的早期，技术转移多是一种无意识的活动。随着人类社会的发展，技术转移越来越呈现出功利性的特征，直到今天，已很难看到漫无目的的技术转移现象。技术转移的功利性，主要体现在经济目标上。无论是技术的供给方，还是需求方，都认准技术转移所带来的市场机会和商业价值，这是不谋而合的，出于竞争目的而发生的技术转移，归根结底也是经济利益的需要。至于为达到某种政治、军事、环境等"超经济"目标而发生的技术转移，只不过是国家整体利益借以实现的途径或形式。因此，可以毫不夸张地说，当今世界，在国家、部门、行业、企业之间所发生的技术转移已经完全排挤了无意识活动的空间而与功利性紧紧地联系在一起。

3. 重复性

与实物商品不同，技术商品的使用价值在流转过程中具有不完全让渡性。它作为知识性商品，尽管有时以实物商品形态而出现，但实物形态只是技术的载体或物质外壳；交易完成后，虽然它的使用价值已让渡给对方，但让渡者仍然保留了这一技术知识的使用价值，至于以图文、技能、方法等非实物形态存在的技术转移，实质上只是使用权的转移，不影响让渡者对这种技术的拥有权。从这个意义上说，技术商品的使用价值在转移过程中具有显著的非完全让渡性质。正因为如此，技术的供给方能够不断重复出卖技术，如果不加限制，技术的购买者也可以连续不断地将该技术转卖出去，直至所有人都掌握这种技术。这就是技术转移的重复性特征，也正是技术转移的重复性，加速了社会的发展和技术进步，给人类带来巨大的物质利益。

4. 市场化

一般来说，在社会发展的不同阶段，技术转移的方式是不同的，在古代，技术转移主要通过上级流动来实现，产业革命后，主要通过向外进行强制性的生产资本投资来实现。而今天，技术转移主要是通过市场化的商业形式实现的。因此，技术转移越来越显现出自身独特的市场化特征，其具体表现是：市场供求规律制约着技术转移的概率和成本；技术交易价格主要取决于技术的研制费用、生命周期、转让成本、机会成本、体制环境及转移所潜在的经济价值等；技术转移发生的频率与该技术物化商品的市场"待遇"具有极强的相关性，技术的命运与产品的销路是休戚与共的；市场竞争既刺激技术需求者吸纳技术的冲动而加速技术转移，同时又强化技术供给者对技术的有限垄断而延续技术转移的进程。

2.2.2 技术转移的基本模式

1. "移植型"和"嫁接型"技术转移

"移植型"技术转移,是指就技术的全部内容进行的技术转移。跨国公司的海外扩张多是通过这种模式实现其技术转移的。这种模式对技术吸纳主体原有技术系统依赖性极小,而成功率较高,是"追赶型"国家或地区实现技术经济跨越式发展的捷径。但转移的支付成本较高。"嫁接型"技术转移,是指技术的部分内容,如某一单元技术或关键工艺设备等流动而实行的技术转移。它以技术需求方原有技术体系为母本,与外部先进技术嫁接融合,从而引起原有技术系统功能和效率的更新。显然,这种技术转移模式对技术受体原有技术水平的依赖性较强,要求匹配的条件较为苛刻。虽然技术转移的支付成本较低,但嫁接环节上发生风险的频率较大。一般为技术实力较为均衡的国家、地区、企业之间所采用。

2. "实物型"、"智能型"和"人力型"技术转移

所谓"实物型"技术转移,是指由实物流转而引起的技术转移。从技术角度看,以生产手段和劳动产品形态出现的实物,都是特定技术的物化和对象化,都能从中反观出某种技术的存在。因此,当实物发生空间上的流动或转让时,某种技术就随之发生了转移,这是所谓"硬技术"转移的基本形式。

所谓"智能型"技术转移模式,是指由一定的、专门的科学理论、技能、经验和方法等精神范畴的知识传播和流动所引发的技术转移。它不依赖实物的转移而进行,这种技术转移被称为"软技术"转移。市场上的专利技术、技术诀窍、工艺配方、信息情报等知识形态的商品交易,都是这种技术转移借以实现的基本形式。

"人力型"技术转移,是人类社会较为古老的一种技术转移模式,它是由人的流动而引起的技术转移。人员的迁徙、调动、招聘、交流往来、异地培养等各种流动形式,皆可引发技术的转移。这是因为,技术无论呈现何种具体形态,都是以人为核心而存在,为人所理解、掌握和应用。所以人力资源的流动必然伴随着技术转移。第二次世界大战期间,为躲避战乱及法西斯迫害,欧洲特别是德国大批科学家逃往美国,就曾使这些国家的许多领先技术特别是核技术转移到美国。

3. 工艺技术转移和产品技术转移

一般来说,在产业技术系统内部,并存着工艺技术形态和产品技术形态两大系统,而每种技术形态又包含若干相关性极强的单元技术,它们共同构成社会生产活动的技术基础。从具体生产过程看,工艺技术是产品技术形成的技术前提和

物质手段，直接决定着产品的技术性能和生产能力。而从社会生产总过程看，产品技术往往又构成工艺技术的单元技术（广义上说，工艺技术的实体本身就是特定的产品），它又影响着工艺技术的总体水平和效率。

事实上，任何产业技术就其功能而言，都不是万能的，而是有其不同的侧重点。当技术侧重于影响生产流程，具有提高效率和扩张产量作用时，把这种技术的转移称为工艺技术转移；而当技术侧重于影响生产过程的结果，有助于提升产品的技术含量及功能拓展时，把这种技术的转移称为产品技术转移。一般来说，农业、采掘业领域的技术转移多属前者，而制造业、信息产业、建筑业等领域的技术转移多属后者。同时，工艺技术和产品技术在功能上又具有极强的相关性。因此，技术转移过程，又往往是通过工艺技术的转移来达到产品技术的升级，或通过产品技术的转移来实现工艺技术的改造。

2.2.3 技术转移的制约因素

1. 技术本体

技术本身的复杂性导致了自身转移过程的复杂性，迫使我们不得不回避这种复杂性而只能从技术本体的状态入手，来考察它对转移过程的制约关系。

首先是技术发育状态。不同发育状态的技术是技术内容成熟程度不同的表征，它会给技术转移过程带来不同的影响。一般而言，技术的发育周期可划分为孕育期、产业化期、成熟期和衰退期。处于孕育期的技术，其形态不定型，产业化问题没有解决，因此使用价值不确定。这意味着它的转移风险较大，但如果未来市场支持环境看好，也可能获得巨大成功。引进这类技术虽然交易成本不高，但引进后投入较大，所以它要求技术受体必须具备较强的经济和技术实力。这是以高风险换取较大竞争实力的技术转移过程。处于产业化期的技术，其形态已定型并日趋完善，实用价值较高而风险较低，因此，社会需求看涨。同时它又具有较大的生产技术缺口，改进的空间较大，技术受体同样需要继续耗费较大的使用成本。成熟期的技术，产业化问题基本解决并相对完善，技术支持环境较好，市场需求旺盛。此类技术转移基本上不存在风险。但此类技术特别是其中的主导型技术往往为技术供体所垄断，而非主导型技术转移过程已显露出衰退期技术转移的踪迹。衰退期的技术，社会需求逐渐降低，技术即期风险全无，操作相对容易，即使技术实力和学习能力较低的产业主体，也能够胜任这种技术要求。但由于技术充分固化，技术转移主要以设备形式的转移来实现，交易价值仍然较高。同时，由于技术会在一定范围内走向衰亡，使用这类技术所获得的技术优势和竞争能力相对短暂，不利于技术受体技术实力的积累与发展。

其次是技术匹配状态。技术匹配状态是制约技术发生转移的又一重要因素。

它是指各种相关技术要素之间的依存关系，其中包括技术系统自身的匹配、与其他技术系统之间的匹配，以及与技术受体原有技术系统的匹配等三重依存关系。技术系统自身的匹配状态，是表现技术发展程度与成熟程度的重要指标。现实中绝无孤零零的"元技术"能够发挥作用，任何技术形态都是若干单元技术的有机聚集，所以现实技术似乎都是天然匹配好的，只是匹配的程度不同而已。显然，技术的实用价值大小与发生转移的难易程度直接取决于技术系统内部各单元技术之间的依存关系。同时，一种技术体系的确立，除了内部诸单元技术之间的相匹配之外，还必须与外部相关的支持性技术系统相匹配，倘若缺乏这种匹配，该技术至少在即期是没有前途的。例如，渗灌技术尽管市场前景广阔，但因防堵技术不匹配而无法推广。相反，蒸汽机技术改变交通运输面貌，是在机械加工、铁路、造船等技术系统匹配下才得以实现的。而且更重要的是，即使成熟的技术，当与技术受体原有技术系统不匹配、欠匹配或一时无法匹配时也很难达到技术转移的预期结果，甚至招致惨重失败。

最后是技术环境。技术环境是技术转移活动所面临的、由技术发展各种态势所构成的技术背景。它们都以不同方式在全局上制约着技术的横向转移。一般而言，某一时代科技发展的速度越快、水平越高，在原有技术体系之间"制造"出的技术势位落差越大，其技术转移的频率就越高。同时，科技发展速度和水平的提高，新生技术资源会越来越富集，特定技术形态在效率梯度排列中的位置，会不断由先进向落后加速蜕变，生命周期日渐缩短，淘汰趋势迅速加快，这为技术转移提供了越来越大的选择余地和越来越多的市场机会。

2. 技术供体

技术供体即技术的拥有者和转让方。在技术转移过程中，技术供体常常处于主宰地位，它对技术转移的作为或不作为，直接制约着技术转移能否实现及其实际成效。

技术供体的不作为直接限制着技术转移的发生，它往往是由于垄断战略的需要。因为，技术转移作为一种能力的转移，对技术的拥有者来说，其目的从来不是为了转让，而是为了获得垄断技术所带来的商业价值。因此，当技术拥有者确信能够垄断特定技术时；或在有限范围内转移技术就可以达到自己的战略目的时；或技术需求方是自己的直接竞争对手时；或估计特定技术受体在引进技术后，会导致技术泄密，或不足以掌握该技术，以至给技术供给方声誉造成严重影响时；或当技术转移过程过分复杂而导致转让成本太高并由技术转让方负担时，他们是绝不会转移自己所拥有的技术的。

技术供体的作为，是技术转移得以实现并如何实现的首要前提，往往是出于交换战略的需要。对任何技术来说，拥有者的垄断都是有限的。技术的拥有者也会根据技术的发展状况，怀着不同目的而转移技术，从中换取各种"利益"。这种作为的条件是：当特定国家或地区市场容量较小，无法达到规模经营时，技术拥有者倾向于转移技术以分享当地的市场份额；当对外部市场不了解，或资本力量有限而无法直接投资时，技术拥有者有可能转让技术；技术创新周期较短，更新速度较快时，为避免技术实用价值无形损耗，尽快收回研制成本，技术拥有者倾向于转让技术；当特定国家或地区推行技术的国有化和本土化，或对外直接投资限制较多时，欲进入该国家或地区市场的技术拥有者倾向于转移技术。

总之，技术拥有者对技术转让的作为或不作为，都是受利益杠杆的驱使。作为，无疑是为了利益，而不作为，同样是为了利益。因此，技术能否转移最终取决于技术拥有者对这两种利益的权衡与取舍。

3. 技术受体

技术受体即技术的吸纳者和引进方。一般而言，技术受体对外部技术吸纳能力的强弱直接制约着技术转移的渠道、方式和其所能达到的实效。技术吸纳能力，作为从事技术转移活动的本领，是以技术预测能力为起点的，包括学习、理解、消化、吸收、模仿、改良、创新等多种能力在内并梯次演进的复杂能力形态。每一种能力都是在前种能力基础上发展而来并包含前者，成为衡量技术受体技术实力强弱的基本尺度并最终决定着技术转移所能获得的实际成效。

从实体与属性的关系上看，技术吸纳能力是技术受体内部各种基础性实体要素的技术表现力。技术吸纳能力对技术转移的制约作用，本质上是这些实体要素的集成作用。主要有以下实体要素。

一是技术存量。从实物形态上看，技术存量包括人与物两种要素形态。一般情况下，二者是相互适应的，可以从人的素质与物的效能及二者在量的规模、结构、变动比、老化率等对其进行客观描述和综合评价。技术存量是动态的，如果没有技术增量的介入，技术受体的技术存量会因人们的知识老化、设备性能相对落后、图书资料陈旧等原因而自行衰减。技术存量是技术引进中能够自主动用并借以投入的技术资源，从静态上规定着技术受体引进或承载外部先进技术的内容、规模和形式。从动态上看，技术存量的调整与更新会给技术转移拓展新的领域和渠道，提供新的市场机会和条件。

二是组织形态。把技术受体内部各种结构性要素之间的有机传导和制约机制称为组织形态。其中产权组织形态的合理化能激发技术受体的创新动机，有助于发挥制度创新的多重功能，对技术转移过程施加积极影响。资产运营形态反映着生产要素的分布及其重组或替代关系，在动态上它能够引起资本结构、产业结构及产品结构的演变和调整，影响技术转移的"波及效应"和规避技术转移风险的能力。职能结构形态是决策、开发、生产、营销等主要部门的设置及其权力划分与制约关系。它的不断优化既可使参与技术活动的部门与个体的技术协作能力形成有效聚集，以实现技术转移的预期目标，又可通过提高生产过程各个环节上的协调运作效率来降低技术转移成本。

三是财力总量。财力总量是技术受体经济实力的重要指标，通常以货币形态存在。在市场经济条件下，技术资源的获取是非馈赠性的，因此，财力总量就成为影响技术受体吸纳外部先进技术的首要经济前提，直接制约着外部技术资源进入技术受体内部的流量大小及其实际作用发挥的成效。需要指出的是，在现实的技术转移过程中，财力配置结构直接关系到财力总量在支持技术转移中是否达到期望的有效力度。显而易见，向技术进步倾斜的财力配置结构及其支持的有效规模和力度，是技术转移得以实现并顺利达到预期目标的基本保证。

四是产业规模。产业规模是技术受体中生产要素和产品的集中程度及经营活动的集约化水平。通常用资产总量、职工人数、销售收入等一组指标来衡量。一般而言，随着技术受体产业规模的扩大，对技术转移的贡献是不断递增的。从理论上说，这种产业规模制约技术转移及其成效的作用一般来自三个方面：由于资本市场的不完全性，规模较大的技术受体具有较高的稳定性，有助于保持技术进步的持续性；规模较大的技术受体，容易从专业化和分工效率中产生规模经济，从而拥有更多的技术存量和财力积累，以保证技术进步的有效投入；规模较大的技术受体，由于经营结构多元化，便于分散和化解创新风险，并提高技术转移的极化效应和"乘数"作用。上述分析表明：技术转移对技术受体存在着一个最小有效规模的限制。低于这个规模，技术进步能力无疑是萎缩的，但规模超出一定限度，也会产生内部不经济，反而给技术转移带来负面影响。

综上所述，可以得出这样的基本结论：技术转移过程是技术本体、技术供体和技术受体这三维变量相互制约、协调互动的过程。在技术本体给定的条件下，能否实现技术转移，主要取决于技术供体的意愿，而技术转移的成效，主要取决于技术受体的经济实力和技术素质。

2.3　效率及效率评价

2.3.1　效率

效率是作为一个管理学的词汇出现的，最早用于投资项目管理，随后又被推广到了人事管理和机构管理等领域。如果单纯从语言学的角度来理解，效率含有成绩和效益的双重意思，但是用在不同的方面其含义也各有各的不同。例如，用在经济管理活动上，效率就是指社会经济管理活动中的结果和成效；用在人力资源管理上，就是指主体行为或者结果中投入与产出的比例；用在公共部门中衡量政府管理的活动效果时，则不是一个单一的概念了，而是包含多元目标的综合概念。再如，如果以效率的内容来划分，效率可以包括过程性效率和结果性效率两大类，结果性效率中可以细分为社会效率和经济效率，社会效率和经济效率又可再划分为若干种具体的效率。而从效率主体角度来划分，效率可以划分为员工效率、项目效率、企业效率等。其中最常见的要数企业效率，我国国家统计局对企业效率的现行评估指标体系由 7 个指标构成。

在通常的情况下，效率、效益及经济效益的概念常常会被人混淆。但实际上效益由两个方面组成：一是方向；二是在这个方向上取得的进展。因此，效益是可以被量化的。所谓经济效益，是指通过商品和劳动的对外交换所取得的社会劳动节约，即以尽量少的劳动耗费取得尽量多的经营成果，或者以同等的劳动耗费取得更多的经营成果。而效率是一个更为宽泛的概念，它一方面反映了投入与产出之间的对比关系，表达出的结果；另一方面还反映出间接的、潜在的对主体与客体的影响效果，不应片面地理解为效益或者经济效益。

综上所述，本书认为效率是指人们从事实践活动而产生的、与劳动消耗存在对比关系的、可以度量的、对社会和经济有影响的结果。

2.3.2　效率评价

有关效率评价的含义国内外的学者一直都存在争议，要理解效率评价的含义，首先要从理解效率的含义开始。从上文的论述中我们可以得出效率是指人们从事实践活动而产生的、与劳动消耗存在对比关系的、可以度量的、对社会和经济有影响的结果。早在 20 世纪的 80 年代就开始出现了关于效率评价的诸多模型，如罗伯特·卡普兰（Robert Kaplan）和戴维·诺顿（David Norton）提出的平衡计分卡理论，理查德·林奇（Richard Lynch）和凯文·克罗斯（Kelvin Cross）提出的"效率金字塔"，安迪·尼利（Andy Neely）和克里斯·亚当斯（Chris Adams）的效率棱柱法。在这种情况下，对效率评价的定义也未形成一致性的意见。另外，还有从个人角度出发定义效率评价的，如认为效率评价"是对雇员与职务有关的业绩、能力、业务态度、性格、业务适应性等诸多方面进行评定与记录的过程"，"是对员工一个既定时期内对组织的贡献做出评价的过程，从数值两方面对其工作的优缺点进行系统的描述，是一个复杂的过程"，"是定期考察和评价个人和小组工作业绩的一种正式制度"。而对组织层面的效率评价就更加复杂，"因为政府的行为，即便是一个简单的服务，也是个复杂、多面的概念，在过去无法定义它已成为阻碍测评发展的关键所在之一"，对政府来说，"效率评价是评价达到预定目标的过程，包括以下信息：资源共享转化为物品和服务（输出）的效率，输出的质量和结果"。

2.3.3 区域科技投入效率评价的含义

效率评价根据上文的介绍，简单来说就是指那些管理部门中具备了专业知识和丰富经验的人员，在制定预期目标和效果时，遵循一定的程序、标准和原则，通过一些科学的方法，对考核对象的情况进行综合评价分析的一种规范性的方法。并且在评价之后，要对其进行信息反馈，改进其中不合理的地方，总结教训，最后达到推动组织目标实现的一个过程。

而区域科技投入效率评价就是建立在效率评价含义的基础上，结合科技投入的含义综合而成，即管理部门中具备了专业知识和丰富经验的人员，根据既定的程序、标准和原则，通过一些科学的方法，对区域的科技投入的情况进行综合评价分析的一种方法。评价过程中，在遵循"目标、分类、客观、实效"的基本原则下，要特别注意对科技活动的相关事项的完成情况、科技资金的使用效果、组织管理的有效性的考核，从而为区域科技投入的管理政策等提供依据，从而达到区域科技管理的既定目标，提高地方政府科技管理的决策质量。

区域科技投入效率评价的意义在于，一方面通过对区域科技投入效率的评价可以客观地反映出区域内科技活动本身的产出与投入的效果；另一方面可以反映出该地区的科技活动对社会经济的影响及它所体现出的社会功能，重点是反映科技对经济和社会发展的作用。综上所述，科技投入效率评价就是指遵循一定的原则，运用科学的标准和规范的方法对科技的投入与产出，以及其对社会、经济的促进作用进行评价的过程。

2.3.4 政府科技效率评价

1. 政府科技投入效率的含义

根据乔治·斯托克（George Stalk）和托马斯·豪特（Thomas Hout）两人共同提出的效率评价选择方法的准则和财政部统计评价司对效率评价的定义，可以得出政府的科技投入的效率评级是对科技经费的使用效率高低、政府科技资金的管理优劣、政府支持的科技计划是否达标的一种综合评价方法，当然它必须借助于一些科学的定量或者是定性的分析方法，并且遵循一定的程序、原则。这不仅是对政府科技资金的使用效果和对政府提供的公共产品和公共服务数量和质量的考核，而且是对政府科技投入资金使用的预算监督。除了这两点以外，评价政府科技投入的更大意义在于找出公共资金管理的结果与优劣、既定目标和结果之间的潜在关系，最终达到提高政府对财政的管理效率和公共服务水平的目的。它的实质就是以政府支出的方式对政府行为进行控制和监督，并且通过这种有效且可以量化的监督确保国家出台计划的顺利实施，达到增强政府引导科技发展和管理科技事业能力的目的。

综上所述，政府科技投入效率评价的内涵实际上包含两个方面，即政府科技投入的有效性和合理性。评价政府科技投入是否有效要依靠科技投入与产出之比显示的政府使用资金的效率来反映。实际上，可以用产出与投入之差来表示在科技活动中由政府科技投入使用效率所引起的相应收益或收入。但是需要注意的是，政府的科技投入是否有效，不仅要看能够量化的直接经济效益，还要看难以统计的、滞后的、隐含的、不确定的间接经济效益。其中的直接经济效益可以用财务指标和投入产出指标来反映；间接经济效益并不能完全用直接的统计指标来反映，这是因为它具有模糊和难以考量的特殊性。当然如果对间接经济效益配以科学的方式、方法和手段，再进行合理的度量转换，是可以用一些经济指标来衡量的。政府科技投入的合理性是考察财政科技资金的使用范围是否在国家财政的预算范围之内、资金的投入与科技事业发展是否相协调等问题。

2. 政府科技投入效率分析的目标

政府科技投入效率评价的目标是对政府的科技资金投入产出的效益和使用效率进行分析评价，尽管对其进行评价的过程是复杂而艰难的，但是只要通过构建科学的政府科技投入效率体系是可以达到既定目标的。其中最重要的不在于分析评价的过程，而在于能否找到造成效率不佳的原因，这不仅能为政府管理找到阻碍本地区科技发展的重点问题和改进的思路，还能为政府的科技管理层提供有效的决策。具体来说，财政科技资金效率评价的目标主要可以归结为以下几个方面。

首先，进行的政府科技投入效率评价可以有效提高政府财政预算管理工作。近几年随着财政支出规模的迅速壮大，供求矛盾变得越来越突出了。政府对科技事业的投入一直都是财政支出的重要组成部分，而此时对政府的科技投入进行效率的分析评价，就变得很现实了。一方面对政府科技投入进行科学的效率评价可以弥补财政科技支出预算体系的漏洞，从而可以建立更加规范的、科学的科技投入分配管理体系；另一方面增强政府对政府科技投入的预算管理，可以转变科技资金管理中存在的"重收入、轻支出，重分配、轻管理"的不合理财政预算管理方式。

其次，对政府科技投入的效率评价可以健全政府科技管理职能，提高政府科技管理能力。随着我国社会经济的全面发展进步，特别是当知识经济也到来的时候，政府的科技管理职能也在不断发生着转变，并且客观事实使得科技促进经济发展的作用越来越突出，这迫使政府必须加大对科技事业的监管力度。这是因为，一方面，政府作为科技事业发展的宏观领导者必须更加完善相关部门的职能和职责范围，以确保对其起到正确的引导作用。特别是在科技发展的战略选择、科技发展政策的制定等方面做出正确的选择，并在培养良好的科技发展环境方面发挥政府的指挥、协调作用。另一方面，政府直接掌握着包括科技财力资源、科技人力资源等在内的丰富的科技资源，并且在资源配置上也占主导地位，并且可以在其职能范围内充分调动区域内科技资源的流向，因此政府的科技资源配置又有信号灯的称号。在这两种情况下，对政府财政科技资金的效率进行准确评价，就有了更为实际的意义。

最后，加强政府科技研发资金支出效率监管有利于提高政府科技投入的使用效率。尽管随着经济的发展，政府加大了对科技事业资金的投入力度，但是这些资金对蓬勃发展的整个科学技术来说，往往显得微不足道。因此，政府能否利用其对财政科技资金的管理职能对科技资金进行合理配置就显得尤为重要了。政府必须集中财力将相对有限的科技资金投入对社会经济发展起到关键作用的科技计划或项目上，优化科技资金投入的方式，调整和优化财政支出结构以提高政府对科技事业发展的财力保障能力。

2.3.5 我国对技术转移服务效率的评价

随着科学技术飞速发展和科技成果应用速度加快，各国纷纷把促进科技成果转移转化作为促进经济社会发展的重要手段。由于体制机制和社会环境不同，各国促进科技成果转移转化的政策措施存在较大差异，对科技成果转移转化效率的评价也因政策目标、评价对象的不同而采用不同的指标和方法。

国外较少使用科技成果转化这一概念，普遍采用知识扩散、技术转移和商业化的概念。与科技成果转化强调"成果的应用"相比，知识扩散和技术转移更侧重于知识和技术在不同主体之间的流动，政策的重点聚焦在大学和科研机构的技术转移及财政资助项目的科技成果转化。例如，美国从 20 世纪 80 年代开始，通过《拜杜法案》《史迪文森-威德勒技术创新法》等明确大学、国家实验室等的技术转移义务，并通过科技成果的知识产权授权、建立技术转移机构、提供经费保障等促进大学和国家实验室的技术转移。日本与欧盟成员国等也都发布了对大学和科研机构的技术转移政策。

国际上没有科技成果转化率这一指标，在评价科技成果转移转化时不是依靠某一单一的指标，而是通过综合化的指标体系来全面衡量科技成果转移转化的效率。OECD 2013 年发布的《公共研究商业化：新趋势与对策》对部分国家的公共研究商业化成效进行了评价及国际比较，评价内容包括产业界对学术界的资助与合作、知识商业化的潜力、公共研究成果在企业的使用情况及其他知识转移渠道四个方面，采用的评价指标包括委托研发、衍生公司、人员流动等。欧洲知识转移测度专家委员会对大学和科研机构知识转移提出七个测度指标,包括研发合作协议数、披露发明数、专利申请数、专利授权数、技术许可数、许可收入数、新建企业数。

对专利等知识产权类科技成果的转移应用,一些国际组织和部分国家尝试开展了调查评价,而专利的许可和转让也成为国际上科技成果转移转化评价的重要指标。日本特许厅通过问卷形式开展的专利实施情况调查中,把专利转移率和利用率作为核心指标,"转移"指专利的许可和转让,"利用"包括自行实施及许可、转让。欧洲知识转移测度专家委员会知识转移测度指标中,关于知识产权的种类除专利外,还包括版权、技术秘密、植物新品种等。

科技成果转化一直是我国科技创新政策的重点,国家在鼓励技术交易、推进产学研合作、激励知识产权运用等方面采取了一系列措施,取得了重要进展,我国某些指标在国际通行的技术转移相关指标测度上已居于领先。例如,中国国家知识产权局对 2008 年授权的发明专利进行调查,回收的 35 674 份问卷表明,60.6%的发明专利通过自行实施或许可、转让得以实施,而日本 2009 年发布相同指标的专利利用率为 52%。OECD 评价报告中用大学研发经费中来自企业的经费比例反映大学通过研究商业化实现科技成果转移转化情况,该指标中国 2012 年为 33.4%,远高于德国(14%,2009 年)、加拿大(8%,2011 年)、美国(6%,2009 年)等国家。OECD 报告中也对企业专利引用大学专利的比例进行了统计,结果显示,中国(12%)高于加拿大(9%)、美国(8%)、英国(7%),仅略低于澳大利亚(13%)。

与国外相比,我国对科技成果转移转化的统计评价缺乏系统性考虑,我国技术市场管理除对技术开发、技术转让、技术咨询、技术服务等技术交易持续开展了 30 年的统计外,对国外通行的其他指标,没有开展相应的统计调查,因而也未能主动开展国际比较研究。国内经常被引用的科技成果转化率,在引用时既未注明出处,也未界定统计对象或标注数据来源,不但不能准确反映我国科技成果转移转化情况,甚至在国外没有类似统计的情况下得出我国科技成果转化率低于发达国家的错误结论。

为全面客观地认识和评价我国科技成果转移转化情况,建议从以下几方面完善统计评价指标体系。第一,要加强对科技成果转化特点和规律的认识,在评价中充分反映科技成果转化的全链条、多环节及转化主体和转化形式多样化等特点。第二,在具体指标设计上充分考虑与国际指标的衔接和可比性,扩充相关监测指标,完善统计数据基础。第三,建立全面、综合的指标体系,充分利用技术市场、专利许可和转让等现有统计基础,把大学和科研机构横向合作收入、技术入股企业数、产学研合作基地数、人员交流人次等纳入科技成果转移转化评价指标体系。

2.4　DEA 方法基本理论

DEA 是美国著名运筹专家 A. Charnes 和 W.W. Coop 等首先提出来的以相对效率概念为基础发展起来的一种崭新的效率评价方法。继 1978 年第一个 DEA 模型——C^2R 模型发表后，新的模型和其他重要理论成果不断出现，至今已形成关于效率、生产可能集、生产前沿面等概念的完整的理论、方法和模型的 DEA 研究领域，模型的实际应用也日益广泛。DEA 方法已成为运筹学的一个新的研究领域。具体来说，DEA 是使用数学规划（包括线性规划、多目标规划、具有锥结构的广义最优化、半无限规划、随机规划等）模型比较 DMU 之间的相对效率，对 DMU 做出评价。一个 DMU 在某种程度上是一种约定，它可以是学校、医院、空军基地，也可以是银行或企业。确定 DMU 的主导原则是：就其"耗费的资源"和"生产的产品"来说，每个 DMU 都可以看成是相同的实体，即在某一视角下，各 DMU 有相同的输入和输出。通过对输入输出数据的综合分析，DEA 可以得出每个 DMU 综合有效的数量指数，据此将各 DMU 定级排队，确定有效的（即相对效率最高的）DMU，并指出其他 DMU 非有效的原因和程度，给主管部门提供管理信息。还能判断各 DMU 的投入规模是否恰当，并给出各 DMU 调整投入规模的正确方向和程度：应扩大还是缩小，改变多少为好等。

DEA 又可视为一种新的"统计"方法。如果说传统统计方法是从大量样本数据中分析出样本集合整体的一般情况的话，那么 DEA 则是从大量样本数据中分析出样本集合中处于相对最优情况的样本个体。换句话说，传统统计方法的本质是平均性，而 DEA 的本质则是最优性。DEA 的这一特点在研究经济学领域中的"生产函数"问题时，有其他方法无法取代的优越性。这是因为，回归统计方法把有效的和非有效的样本混在一起进行回归分析，得出的"生产函数"实际上是"非有效的"，不符合经济学中关于生产函数的定义（按照萨缪尔森的定义，生产函数是一种技术关系，它表明在一定的技术水平下，由每一特定的生产要素组合构成的投入所能生产出来的最大产出）。DEA 则利用数学规划的手段估计有效生产前沿面，从而避免了传统统计方法的缺陷。

DEA 方法的出现，给多输入多输出情况下的"生产函数"研究开辟了新的前景。DEA 的优点吸引了众多的应用者。在国外，DEA 的应用范围不仅扩展到军用飞机的飞行、基地维修和保养、陆军征兵、城市评价等方面，而且在对银行、电力企业乃至相互之间存在着激烈竞争的私人商业公司的评价中，DEA 也获得了成功。在国内的很多领域中，DEA 也已经得到应用。例如，用 DEA 方法对全国棉纺工业、铝冶炼工业进行评价研究，并将结果反馈到实际部门，得到了有关部门的高度重视。

第 3 章　青岛市技术转移服务体系发展现状

3.1　青岛市科技创新服务体系建设状况

3.1.1　以企业为主体的自主创新体系建设

青岛市从 2003 年开始承担我国唯一的国家技术创新体系建设——企业研发中心试点，相继在企业建设了 14 家国家级企业重点实验室和工程技术研究中心。近年来，青岛市运用政策、投入、金融、服务等多元化的支持方式，引导各类创新要素向科技型企业集聚。一方面，企业创新平台建设成效显著，目前青岛市拥有 5 家企业国家重点实验室、9 个国家工程技术研究中心，有效提高了企业技术创新的整体能力和水平。另一方面，财政科技专项资金对企业的支持力度明显增强，财政科技投入金额逐年增加，R&D 经费支出占国内生产总值（GDP）的比重也逐年上升，企业逐步成为自主创新的主体，如表 3-1 所示。

表 3-1　青岛市科技投入情况表

年份	财政科技投入金额/亿元	占当年财政支出的比重/%	R&D 经费支出/亿元	占 GDP 的比重/%
2009	10.22	2.36	105.00	2.10
2010	9.87	1.85	137.45	2.43
2011	16.12	2.45	178.58	2.70
2012	17.29	2.26	164.31	2.48

为加快自主创新型企业培育，青岛市积极组织国家级、省级创新型企业（试点）培育与申报工作，国家级创新型企业及试点数量达 14 家，省级创新型企业 25 家。市级科技计划向创新型企业倾斜，2010 年，青岛市 90 家创新型企业科技活动经费支出总额 163.61 亿元，实现资产总额达 2789.78 亿元，净资产 1003.49 亿元；企业增加值 684.78 亿元，占全市工业增加值 24.82%，创新型企业成为推动全市经济社会发展的骨干力量，并带动更多企业走上自主创新驱动发展道路。

2010 年，青岛市成功获批首个国家技术创新工程试点城市，青岛市委、市政府以此为契机，把实施技术创新工程作为提高城市自主创新能力、加快推进结构调整产业升级的核心任务，市财政 5 年安排 10 亿元专项资金实施技术创新工程，积极营造激励企业技术创新的良好环境，以提高企业自主创新能力为中心，深入开展创新型企业培育、企业研发机构建设、产业技术创新战略联盟构建、创新人才引进、战略性新兴产业培育等工作，企业技术创新主体地位日益增强。同时，整合科技资源，重点推进创新型企业、产业技术创新战略联盟、技术创新平台、高层次人才团队等载体建设。目前，青岛市共有高新技术企业 406 家，国家级创新型（试点）企业 14 家，省级创新型（试点）企业 48 家、市级创新型企业 150 家，拥有国家级联盟 1 家、省级联盟 3 家、市级联盟 22 家，基本形成了国家级、省级、市级创新型企业建设梯队，构建了 26 家产业技术创新战略联盟，统筹安排科技专项资金 3400 多万元、带动社会投资 5.1 亿元用于实施关键技术攻关，有效带动了重点产业的加快发展。

3.1.2　科技创新服务平台建设

"十一五"期间，青岛市全力推进"以搭建创新平台建设"为核心的科技创新工程，重点实施以国家实验室、企业国家重点实验室、国家级孵化器、企业研发机构、国际合作研发中心、大型企业技术中心、综合创新服务、中小企业创新服务、科技中介专项服务等 10 类平台为重要载体的科技创新服务平台体系建设。

2008 年青岛市整合了科技部门所属企、事业单位成立了青岛市科技研发服务中心，面向全社会科研人员和科技企业提供科技资源共享、科技事务服务、科技成果转化、专业技术服务等业务。2010 年开通了大型科学仪器共享服务平台、科技文献共享服务平台，目前入网大型仪器达到 2200 台（套）。同时通过在高校、科研机构建设专业技术服务平台，推动科研基础设施、自然科技资源、科学数据等公共科技资源进一步面向企业开放，鼓励社会公益类科研院所为企业提供检测、测试等服务，减少企业创新成本，推动科研成果向企业转移转化。

青岛市实施"千万平方米孵化器"的发展战略，积极培育各类公共研发服务平台及专业技术服务平台的建设，为青岛市孵化器建设提供服务，在组织申报的 21 家公共技术服务机构中有 18 家获国家支持，资助金额 1265 万元，项目数和资金数是深圳市的近 3 倍，列计划单列市首位。

截至 2013 年年底，青岛市共拥有国家级科技企业孵化器 12 家，总体孵化面积 49.88 万平方米，其他孵化器 47 家，见表 3-2。

表 3-2　青岛市国家级科技企业孵化器一览表

序号	孵化器名称	面积/万平方米	所在区
1	青岛高新技术创业服务中心	4.00	崂山区
2	中联 U 谷 2.5 产业园	2.19	市北区
3	中航工业青岛科技园	3.35	市北区
4	青岛科技大学都市科技园	3.84	市北区
5	青岛工业设计产业园	1.55	市北区
6	橡胶谷	3.38	市北区
7	青岛市大学生创业孵化中心	2.98	市北区
8	青岛软件园	7.38	市南区
9	青岛新材料产业科技创新服务中心	1.00	城阳区
10	青岛高新区创业服务中心	13.80	城阳区
11	青岛经济技术开发区高科技创业服务中心	3.30	黄岛区
12	山东科技大学科技园	3.11	黄岛区

从表 3-2 中可以看出，市北区拥有 6 家国家级科技企业孵化器，在青岛市范围内数量最多，孵化器总体面积为 17.29 万平方米；黄岛区拥有 2 家国家级科技企业孵化器，总体孵化面积为 6.41 万平方米；城阳区拥有 2 家国家级科技企业孵化器，总体孵化面积为 14.8 万平方米；崂山区、市南区各拥有 1 家国家级科技企业孵化器，孵化面积依次为 4 万平方米、7.38 万平方米。其中城阳区的青岛高新区创业服务中心孵化面积在全青岛国家级孵化器面积中排第一位，占总体孵化面积的 28%；市南区的青岛软件园孵化面积在全青岛国家级孵化器面积中排第二位，占总体孵化器面积的 15%。

在其他孵化器方面，城阳区拥有 4 家市级孵化器，孵化面积 19.98 万平方米；李沧区拥有 2 家市级孵化器，孵化面积 3.05 万平方米；崂山区拥有 1 家，孵化面积为 1.8 万平方米；市南区拥有 1 家，孵化面积 11.24 万平方米。

青岛市在国家级科技创新平台建设上实现了重大突破，新增海尔集团、海信集团有限公司、中国石化安全工程研究院等 7 家企业国家重点实验室，位居全国同类城市首位（表 3-3）。部级重点实验室 35 家，省级重点实验室 29 家，市级重点实验室 31 家。新增 4 家国家工程技术研究中心，全市国家工程技术研究中心总数达到 9 家，34 家省级工程技术研究中心，52 家市级工程技术研究中心。新增 6 家国家级孵化器、3 家国家级高新技术产业化基地、6 家国家级国际科技合作基地，极大地提升了青岛的科技创新实力。

表 3-3　青岛市国家级重点实验室一览表

序号	实验室名称	依托单位	成立年份
1	重质油国家重点实验室	中国石油大学（华东）	1989
2	数字化家电国家重点实验室	海尔集团	2007
3	数字多媒体技术国家重点实验室	海信集团有限公司	2007
4	危险化学品安全控制国家重点实验室	中国石化安全工程研究院	2007
5	啤酒生物发酵工程国家重点实验室	青岛啤酒股份有限公司	2010
6	海洋涂料国家重点实验室	海洋化工研究院	2010
7	青岛海洋科学与技术国家实验室	青岛市人民政府	2013

从表 3-3 中可以看出，青岛市国家级重点实验室主要依托于高校、科研院所和青岛市知名企业。从时间上看，1989～2007 年出现一个空档，此阶段青岛市只拥有 1 家国家级重点实验室，却增加了 21 家市级重点实验室，这些实验室主要依托于中国海洋大学、中国石油大学等高校，直到 2007 年海尔集团成立数字化家电国家重点实验室才为青岛市重点实验室建设打开门路，此后，海信集团有限公司和中国石化安全工程研究院都相继成立国家级重点实验室。由此看见，高校、科研院所和知名企业为青岛市科学技术的进步做出了重大贡献。

近年来，青岛市完成中国科学院系统 4 个独立院所的引进和建设，依托高校和科研机构建设 7 个面向中小企业的专业技术服务平台。围绕青岛重点产业和新兴产业发展需求，依托行业骨干企业，加强与哈尔滨工程大学、北京航空航天大学等高校院所的科技合作，启动建设工业技术研究院框架下的海洋先进材料、工业机器人等多个工程技术研究中心。为加快建设科技创新综合服务平台建设，2012 年安排 400 万元科技专项资金，重点支持建设产业发展科技数据集成平台、科技金融服务平台及大型科学仪器共享服务系统，积极拓展全新业务领域，为全社会科研机构和科研人员提供综合性创新服务。大型入网仪器 1926 台（套），仪器原值 14 亿元；引入 5 家金融机构加入科技金融联盟，协助 2 家企业融资 240 万元。

3.1.3　为自主创新主体提供的各类科技服务

青岛市科技局积极为自主创新主体提供各类科技创新服务，强化科技金融服务，争取企业创新基金，推进高新技术企业所得税减免。

作为全国首批科技金融试点城市，青岛市立足本地特色、学习先进经验、打造科技金融服务体系，开展区市联动，创新服务机制，优化工作流程，深入企业了解情况，量身定制融资服务，全力打造广受科技型中小企业欢迎与信赖的科技金融服务品牌。自 2011 年年底开始科技金融信贷工作以来，已受理科技型中小企业申请 56 家，其中 12 家企业已获得总额度 3000 万元的信贷支持，23 家企业已完成尽职调查，21 家企业已正式提交申请报告。2011 年，青岛市科技局与青岛银行签署《金融支持科技创新战略合作协议》，启动了"科技金融专项行动"，按照协议，青岛银行将为青岛市科技型中小企业提供总额度 30 亿元优惠利率贷款支持。2012 年，根据国家促进科技和金融结合试点工作方案要求，青岛市科技局会同有关部门共同研究制订了《青岛市促进科技和金融结合试点工作方案》，以青岛市政府名义正式报送科学技术部；青岛市知识产权局与中国银行业监督管理委员会青岛监管局联合发布了《青岛市专利权质押贷款实施指导意见》，目前已有 20 余家企业与商业银行接洽，成功获得专利权质押贷款 2000 万元。青岛市高新区积极推进"新三板"工作，目前已有"新三板"试点企业 32 家，其中 6 家企业通过券商内核推荐，后备企业资源储备 103 家；首批试点企业已有 9 家，股权融资超过 1.8 亿元，新增主营业务收入 1.4 亿元，新增利润 2181 万元。

青岛市积极争取国家科技型中小企业技术创新基金支持。2011 年度第二批科技型中小企业技术创新基金项目中，青岛市有 55 个项目榜上有名。其中，科技型中小企业创新项目 42 项，中小企业技术服务机构补助资金项目 11 项，中小企业创业投资引导基金项目 2 项，争取国家资金 4550 万元。青岛市 2011 年度已有 83 个创新基金项目立项，获得资金 6430 万元，项目数比 2010 年增长 15.5%，获资金数额比 2010 年增长 14.7%，位居同类城市前列。2012 年青岛市共有 108 个项目获得 2012 年度国家创新基金支持，资助金额 7208 万元，同比立项数增长 30.1%，资金额度增长 12.1%。立项项目及争取资金增幅均高于国家平均增长比例，在全国同类城市中位居前列。据统计，自 1999 年国家创新基金设立以来，青岛市已累计争取国家创新基金项目 548 项，获得资金 3.61 亿元。通过国家创新基金的支持，青岛市已有青岛金王集团、青岛高校软控股份有限公司、青岛特锐德电气股份有限公司等科技型中小企业成功上市，为青岛市经济社会发展做出了突出贡献。

2011 年青岛市推出创新型中小企业培育计划，遴选培育项目 94 项，筹集培育资金 2230 万元，培育支持创新型中小企业 69 家，每家企业安排市科技财政专项资金支持 20 万元。同时，滚动支持创新型中小企业，其中 20 家企业每家获 30 万元支持，5 家企业每家获 50 万元支持。

青岛市积极开展高新技术企业认定工作并协助其减免所得税。自 2008 年按照新的《高新技术企业认定管理办法》开展高新技术企业认定管理工作以来，共为 604 家企业办理了企业所得税减免，减免税额总计 27.97 亿元。这一政策极大地激发了企业技术研发活动热情，每年新增研发投入均高于企业所得税减免额。

青岛市高新技术企业认定管理办公室积极谋划和推进企业培育工作体系建设，加大企业培训及咨询服务工作力度，申报企业数量大幅增长，全年新认定高企 124 家；同时加强高企复审工作，对参加复审的企业进行专门培训和跟踪辅导，保证 98%申请复审企业通过专家评审和国家备案核查。2012 年青岛市高新技术企业数量达到 405 家，其中，223 家企业申请并办理了企业所得税减免手续，共减免所得税 10.13 亿元。

3.1.4　特色科技园区及自主创新集群建设

建设科技园区是自主创新驱动城市发展的有效手段，青岛市现有各类高新技术产业园区约 40 个，其中，国家级高新技术产业园区 4 个。专业特色较为突出的科技园区主要有：数字化橡胶装备、新型显示、先进制造、生物技术、海水种苗等。在科技园区规划建设中，青岛市注重产业优化与空间布局相结合，科技园区提升与城市功能相结合，推动高新技术产业园区化、集约化、专业化发展，打造知识、技术、人才、资本、产业链高度聚集的特色园区，促进青岛市产业转型升级和经济跨越式发展。计划到 2016 年，建成设施先进、功能齐全、配套完善、产业高度集聚的高新技术产业特色园区 29 个。

青岛市作为国家"十二五"制造业信息化科技工程首批 5 个重点省市（上海、天津、广东、内蒙古、青岛）之一，承担了国家科技支撑计划项目"面向行业龙头和特色企业制造业信息化关键技术研究及集成应用示范"，并得到国家财政资金重点支持。青岛市制造业信息化科技工程建设坚持"精品工程引领、高端技术支撑、企业效益驱动"的指导思想，形成了"制造业态服务化、高端技术产品化、信息企业装备化、终端产品物联化、集团管控精益化、企业管理可视化"的发展模式，并在全国形成了一定的影响。

为做好、做实科技服务，青岛市生产力促进中心先后在青岛软件园、青岛科技大学都市科技园、青岛楼山精细化工科技创新公共服务平台等企业相对集中的园区对 90 多家企业近 300 名代表提供服务。另外，生产力促进中心联合行业协会，还结合各类科技服务事项，有针对性地开展了科技计划项目申报、技术合同登记税收优惠、科技成果评价政策介绍、双软认定等科技政策的宣讲。上述科技服务工作，为园区内企业全面利用政府优惠政策开展技术创新活动提供了有效帮助，使企业对无偿资助、税收优惠等政策有了深入了解，促进企业加大技术研发强度，"科技服务入园区"活动已初显成效。从青岛市国家科技型中小企业技术创新基金申报受理情况来看，企业申报积极性明显提高，项目申报数量不断创造历史新高，项目申报质量也有了明显提升。技术合同登记数量和金额与往年相比增长幅度显著。

3.1.5　市属科技中介服务机构建设

青岛市科技中介服务机构——青岛市生产力促进中心成立以来，在不同创新主体之间积极发挥纽带、桥梁、传递者的作用，推动全市科技资源的优化配置，为企业的技术扩散和技术创新提供重要的智力和知识服务，并取得了令人瞩目的成绩。

目前，青岛生产力促进中心拥有国家示范生产力促进中心、国家科技金融服务试点单位、国家科技成果评价试点单位、国家技术转移示范机构、国家专利技术展示交易中心等服务资质。近年来，青岛市进一步加大对科技创新体系建设的支持力度，将青岛生产力促进中心提升为科技服务体系建设的核心平台，并给予许多新的扶持政策。青岛生产力促进中心及各所管单位，紧紧围绕科技服务主题，创新发展"一架马车，两轮驱动"的工作模式，牢牢把握科技事务服务和企业创新服务两大工作任务，目前已成为青岛地区科技服务业的核心和龙头，先后在2011年、2012年被评为"国家级 A 类示范生产力促进中心"。

目前，已有 2000 余家企业通过青岛市生产力促进中心获得各类政策支持，累计获得科技专项资金政府无偿资助 5.5 亿元，获得各级科技奖励 800 余项；技术合同登记额 67.16 亿元，减免营业税 3.69 亿元；有 13 000 多项技术成果通过创新服务平台获得青岛市专利专项资助，收集 2004 台（套）大型科学仪器信息，原值超过 14.7 亿元，收集检测服务项目 600 多项，为 270 余家科技型企业提供仪器共享及研发检验检测服务。另外，青岛市生产力促进中心还与中国科学院系统 42 家研究院所、38 所国内大学建立了紧密合作工作体系，累计促成技术交易合作意向 1000 余项，成功促成技术转移 87 项；与银行、担保、风险投资、律师、财务、知识产权等专业服务机构的合作，为 3000 余家企业提供专业咨询服务，有效提升了企业科技创新水平和效率；为青岛市孵化器内 946 家科技孵化企业和 459 家科技型中小企业提供专业化的绿色融资通道服务，办理"低门槛、低成本"贷款 2.29 亿元、贷款贴息 800 万元。

3.1.6　文化和科技融合情况

近年来，青岛市为在文化和科技融合发展方面探索新路径，先后出台了多项政策措施，并实施了科技兴文六大文化发展战略，重点支持了一批文化和科技融合领域的关键技术攻关项目，实施了国家现代服务业示范城市项目，在数字家庭、数字社区、广电数字化电视整体转移、文化创意等文化科技融合产业领域取得了显著进展。例如，建成了数字化家电国家重点实验室、数字多媒体技术国家重点实验室、动漫产业公共信息服务平台、动漫游戏公共技术服务平台、青岛市科技创新综合服务平台等文化产业科技服务平台；培育了青岛广电影视传媒集团有限公司、青岛出版集团、青岛网络传媒集团有限公司、青岛广电无线传媒集团有限公司，以及国家现代化服务业数字化家电高新技术产业化基地、青岛国际动漫游戏产业园、青岛凤凰岛影视动漫创意城有限公司、青岛软件园等文化科技领域的龙头企业和园区。

未来一个时期，青岛市将进一步按照"以世界眼光谋划未来，以国际标准提升工作，以本土优势彰显特色"的要求，坚持自主创新，依托区位优势，以科技手段创新和文化内容创新相结合，以龙头企业带动与品牌化提升相结合，突破文化科技共性支撑技术，明显提高文化产业科技引领和带动作用，加速文化和科技融合产业示范基地建设，为将青岛建设成为宜居幸福的现代化国际城市提供强大的动力和环境条件。

3.1.7　技术交易市场发展状况

青岛技术交易市场于 2012 年试运营，以建设"永不落幕的技术市场"为宗旨，积极组织成果发布对接活动，累计发布成果 2000 余项，技术合同成交额 25.37 亿元；全市技术经纪机构达 186 家，技术经纪人 200 人。2013 年市级技术转移服务机构由 8 家增至 45 家，有资质的技术经纪人由 0 人发展到 48 人，全市技术交易额 35.42 亿元，同比增长 39.61%，如表 3-4 所示。

表 3-4　青岛市技术市场技术交易额一览表

年份	技术交易额/亿元	增长率/%
2009	14.21	39.70
2010	16.01	12.67
2011	20.75	27.78
2012	25.37	22.30
2013	35.42	39.61

从表 3-4 可以看出，青岛市技术市场的技术交易额逐年升高。2013 年，技术交易额的增长率达到近 5 年最高值 39.61%，这与青岛市科技局和青岛高新区共建的青岛技术交易市场密切相关。青岛技术交易市场按照放开、搞活、扶持、引导的原则，通过政策引导、行业自律、市场化运作的方式，建设具有技术合同交易、科技成果展示、科技成果对接、科技成果评价、科技创业咨询、科技项目服务、知识产权服务、科技金融服务、创新创业人才服务和交易经纪人培训服务等功能板块的综合性技术市场交易大厅；建设科技成果云数据、云存储、云服务的技术交易网络信息服务系统，形成科技成果网上交易、网下对接相结合，技术、资金、人才相融合，具有交易、交流、服务、融资功能的综合性区域技术交易市场。

2013 年至 2014 年 6 月，青岛市技术交易市场登记合同数共计 2911 份，其中技术交易额达到 278 381.09 万元，主要合同类别分布在技术开发、技术转让、技术咨询、技术服务等领域。如表 3-5 和图 3-1 所示，技术开发为主要合同类型，在合同构成中占了 81%。截至 2014 年 8 月 22 日，交易合同金额达 150 553 万元，其中技术开发 26 521 项、技术转让 12 421 项、咨询服务 2354 项。

表 3-5 青岛市技术交易市场合同交易情况

序号	合同类别	登记合同数/份数	其中技术交易额/万元
1	技术开发	2 364	205 152.19
2	技术转让	184	52 539.79
3	技术咨询	73	2 504.54
4	技术服务	290	18 184.57
	总计	2 911	278 381.09

资料来源：青岛技术交易市场，2013 年至 2014 年 6 月数据

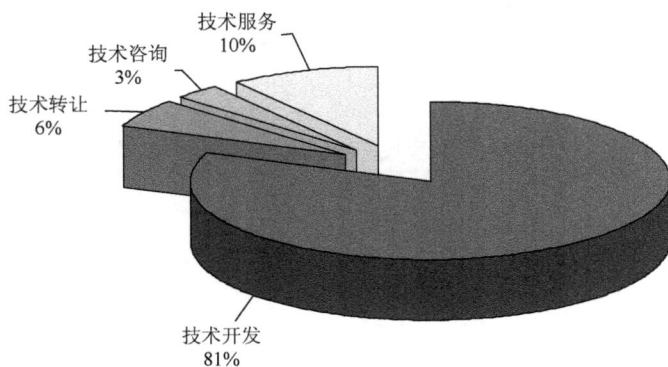

图 3-1 青岛市技术交易市场合同交易构成

技术交易主要涉及电子信息，航空航天，先进制造，生物、医药和医疗器械，新材料及其应用，新能源与高效节能，环境保护与资源综合利用，核应用，农业，现代交通，城市建设与社会发展等领域。截至 2014 年第一季度，在技术领域登记合同总数为 1090 份，技术交易额为 104 876.54 万元，见表 3-6 和图 3-2。其中电子信息、先进制造、环境保护与资源综合利用为主要交易领域，尤其是电子信息领域，2014 年第一季度交易构成占 54%。

表 3-6 2014 年第一季度技术领域交易情况

序号	技术领域	登记合同数/份数	其中技术交易额/万元
1	电子信息	587	35 218.11
2	航空航天	0	0.00
3	先进制造	184	40 585.26

续表

序号	技术领域	登记合同数/份数	其中技术交易额/万元
4	生物、医药和医疗器械	26	2 874.68
5	新材料及其应用	45	10 028.67
6	新能源与高效节能	34	1 838.90
7	环境保护与资源综合利用	152	7 754.65
8	核应用	0	0.00
9	农业	30	4 994.84
10	现代交通	3	432.00
11	城市建设与社会发展	29	1 149.43
	总计	1 090	104 876.54

资料来源：青岛技术交易市场，2013 年至 2014 年 6 月数据

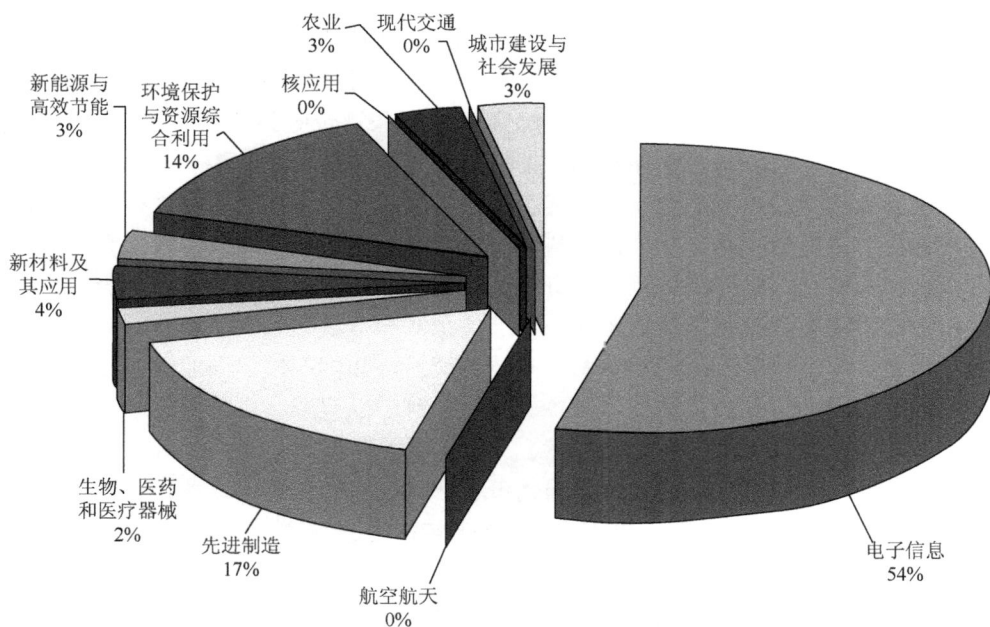

图 3-2　2014 年第一季度技术交易领域构成

　　青岛技术交易市场虽然 2013 年刚运行，但自成立以来，运行良好，在促进成果转化、技术转移方面起着积极的推动作用。截至 2014 年 8 月 22 日已发布 8442 条技术交易信息、82 项技术挂牌交易，组织 223 次技术交易市场活动①。

---

① 资料来源于 2004 年 8 月 22 日蓝海技术交易网。

3.1.8　市场导向创新驱动，加速科技成果转化

党的十八届三中全会以来，青岛市抢抓国家技术创新工程和国家创新型城市"双试点"机遇，以改革为突破，以成果转化为主线，围绕产业链部署创新链，针对创新链完善资金链，打通科技和经济社会发展通道，创新驱动发展战略取得显著成果。

（1）转观念、变方式，抓好科技管理改革顶层设计。青岛转变政府分配资源、行政主导项目观念，让创新资源由市场配置，转变传统方式，建立财政科技投入与社会资金搭配机制，采用多种资金支持方式和市场选择项目机制，撬动各类社会资本共同支持科技创新。

青岛市政府出台《关于加快推进科技改革发展的若干意见》，围绕提升创新能力、推动科技成果转化、优化创业环境，提出 10 大改革任务和 32 项改革举措，全面落实职能转变和简政放权。2013 年，青岛市科技局将技术合同认定登记、科技成果评价、科技成果登记、技术转移机构认定等职能放权给技术市场行业服务机构；以政府购买服务方式，取消技术合同登记和科技成果评价服务费。2014 年受不利因素影响，全市技术合同交易仍同比增长 40%，2015 年前三季度保持 40%增幅。

综合采用"拨、投、贷、补、奖、买"等方式支持科技创新。"拨"指无偿资助，主要支持应用基础和公益类科研项目。"投"指股权投资，设立天使投资基金、成果转化基金等科技风险投资基金，支持初创企业"首投"。"贷"指科技信贷，设立青岛市科技信贷风险补偿准备金池和贷款贴息专项资金，支持初创企业"首贷"。"补"指事后补助，对技术交易、知识产权、创业孵化和研发投入等进行补助。"奖"指奖励，对各类创新平台予以奖励。"买"指政府购买服务，购买成果评价、科技和专利文献、大型仪器设备共享等公共服务，降低企业创新创业成本。立法规、重实效，强化市场导向技术创新政策体系。

青岛市科技局 2013 年启动《青岛市技术转移促进条例》立法工作，同步开展技术转移立法与体系建设。先后开展技术交易市场法律、海洋技术转移立法、科技成果挂牌交易规则、科技成果标准化评价、科技成果挂牌交易作价入股技术合同规程、技术转移商业模式法律等研究；出台《青岛市技术转移服务规范》《青岛市科技咨询业服务规范》，为科技成果转化在青岛的贯彻落实进行了积极探索。《青岛市科技局促进科技成果转化技术转移专项补助资金管理暂行办法》等政策增强了科技成果转移转化政策扶持力度。对科技成果挂牌交易、企业购买科技成果、技术转移机构、技术市场行业服务、技术经纪人培训及高校院所技术咨询和服务进行补助。"财政资助中介、中介服务企业"，以补助方式，激活科技中介市场；补助高校院所成果输出和中小企业成果吸纳，降低创新风险，减少研发成本，激活创新需求，

促进成果转化。在财政科技资金投入 500 万元试点基础上，2014 年全市设立 4000 万元专项资金，技术转移机构由 2012 年年初的 8 家，增至 96 家，市场空前活跃。

2012 年，青岛启动"千万平方米孵化器建设工程"，出台《青岛市激励创新创业加快科技企业孵化器建设与发展的若干政策》，围绕孵化器建设运营、公共研发平台、投融资服务、人才引进制定优惠政策。以工业用地建设的孵化器可分割转让、仪器设备融资租赁等方式建设公共研发平台，鼓励科技人员离岗创业，调动社会力量参与孵化器建设运营。目前，青岛市已建和在建孵化器面积 913 万平方米，投入使用 379 万平方米，其中民营资本资金 119 亿元，占孵化器建设总投入的 45%；孵化器数量由 2012 年的 35 家增至 62 家，入驻企业超过 2000 家，引进高水平人才 8000 余人。

（2）建体系、搭平台，大力培育技术市场。技术市场是促进科技成果转化的主要渠道，也是城市创新体系的重要组成。此前，青岛技术合同交易额相对落后，急需成果转移转化。青岛市科技局定 2013 年为"科技成果转化年"，坚持"市场配置科技资源、利益驱动创新创业"，遵循"放开、搞活、扶持、引导"，大力推进技术市场建设。2013 年青岛市技术合同交易额在全国副省级城市排名上升 3 位，交易额将超 50 亿元。

针对青岛市技术市场、中介机构、技术交易不活跃的状况，出台《青岛市科技成果转化技术转移体系建设方案》，建立"政府、行业、科技中介、技术经纪人"四位一体的技术市场服务体系，厘清政府与市场关系，发挥市场对技术研发方向、价格要素和各类创新要素配置的导向作用。启动技术市场"十百千"建设工程，实现 10 家国家技术转移示范机构、100 家市级技术转移机构和 1000 名技术经纪人的建设目标。

2013 年 10 月，青岛高新区建成青岛技术交易市场和蓝海技术交易网，已有 60 余家中介机构入驻，基本实现"天天有活动、周周有主题、月月有专场"。技术交易市场遵循"市场大家建、规则大家定"的行业自律模式，由技术转移机构共同发起制定了全国首个科技成果挂牌交易规则和科技成果作价入股技术合同规程，探索建立了技术转移机构"主协调人"模式。规则推出 3 个月来，挂牌项目达 208 项，实现交易 42 项，交易额 3997 万元，有效解决了高校院所成果的确权、授权、评估难题，促进了技术成果公开交易和转移。2014 年年初，举办了首届科技成果拍卖会，拍卖 4 项科技成果，成交金额 1095 万元。由行业服务机构组织，全面开展科技中介机构、技术经纪人和科技成果评估师的培训、认定和考核。全市具资质技术经纪人增至 267 人，首批 70 名科技成果评估师获得资质，吸引了律师、教授、医生、专利代理人、注册咨询师等专业人士加盟。

（3）创模式、引资本，强化科技金融支撑成果转化。2014 年，青岛市创新财政科技投入方式，综合运用科技风险投资、科技信贷、科技保险、资本运营等模式，全面支撑科技创新创业。2014 年 10 月，组建青岛高创科技资本运营有限公司。按"政府资金引导、多元化融资、多业态经营、市场化运作、社会化服务"原则，结合科技体制改革和国企改革，吸纳社会资本，构建财政科技资金管理、国有资本运营、混合所有制实体运作科技金融体系，打造功能性科技资本运营平台，通过出资参股企业和出资引导基金等方式，统筹配置科技创新资源。公司首期注册超 2 亿元，三年内将增至 10 亿元。设立天使投资引导基金。通过财政科技资金阶段出资、跟进出资和风险补偿等方式，引导社会资本组建天使投资组合基金。2013 年，组建4 只天使基金，规模 4.2 亿元；2014 年完成投资项目 12 个，投资额 5110 万元，拟投资项目 55 个。2014 年 10 月，出台《青岛市海洋科技成果转化基金暂行办法》，组建了全国首项用于海洋科技成果转化的专项基金，以"做市商"方式，活跃技术市场交易，引导专业化技术转移机构由咨询中介向资本运作转型，引导风险投资基金向初创期科技企业投资。设立青岛市科技信贷风险补偿专项资金，市、区两级财政出资，引导社会担保机构和银行加入，建立覆盖全市的 12 个科技信贷风险补偿准备金池，开展知识产权质押信用贷款，比市级财政科技资金放大了 40 倍。通过企业信贷双降，让科技型中小企业"贷得到、贷得起"，目前累计为 95 家企业提供贷款 8.55 亿元。

站在转方式、调结构、创新驱动发展的新起点上，为进一步加快科技成果转化，青岛市推出促进科技型中小企业发展的"千帆计划"，加快培育一大批"科技小巨人"，形成千帆竞发的集群发展态势，营造"大众创业、万众创新"的浓厚氛围，全力打造"创业创新青岛"。

3.2　主要城市技术转移服务状况比较：青岛市视角

3.2.1　国内主要地区技术转移政策

1. 北京出台意见鼓励高校、科研院所投资建孵化器

2015 年 6 月 24 日，北京市政府召开《关于加快首都科技服务业发展的实施意见》新闻发布会。该意见指出，到 2020 年，首都科技服务资源潜力将充分释放，市场化程度进一步提高，特色突出、支撑有力、创新引领的科技服务体系基本形成，对科技成果转化应用的支撑服务能力明显增强；新增一批具有国际影响力的科技服务业骨干企业、服务机构和知名品牌，形成一批定位清晰、布局合理、协同发展的科技服务业集聚区；全市科技服务业收入达到 1.5 万亿元，技术合同成交金额达到 5000 亿元。为深入实施创新驱动发展战略，坚持和强化北京作为全国科技创新中心的城市定位，贯彻落实《中国制造 2025》（国发〔2015〕28 号）和《北京技术创新行动计划（2014—2017 年）》（京政发〔2014〕11 号），充分发挥机

器人技术创新对加快构建首都"高精尖"经济结构的支撑引领作用，推动产业转型升级，北京市科学技术委员会发布了《关于促进北京市智能机器人科技创新与成果转化工作的意见》。

2. 山东省西部经济隆起带技术转移联盟成立

2015 年 6 月 18 日，为进一步加强政府对技术转移市场主体的引导与服务功能，促进产学研紧密结合，加速科技成果转化，经过山东省西部经济隆起带的菏泽、济宁、枣庄、临沂、德州、聊城及泰安七市七个成员单位的共同努力，"山东省西部经济隆起带技术转移联盟"正式成立。联盟将以促进技术转移与科技成果转化为使命，建立能够服务山东省西部经济隆起带的集技术、科技成果、人才、投融资、项目咨询评估、成果对接、技术服务、技术培训、会议展览服务等为一体的全方位综合服务平台，实现联盟范围内的优势互补。

3. 重庆设天使投资引导基金

近日，重庆市委、市政府出台《重庆市深化体制机制改革加快实施创新驱动发展战略行动计划（2015—2020 年）》。该行动计划在于进一步解放思想，破除一切制约创新驱动的体制机制障碍，强化企业在技术创新中的主体地位，激发大众创业、万众创新活力，为重庆市全面建成小康社会提供坚强的动力支撑。重庆科技服务大市场开业运营，重庆市科学技术委员会、九龙坡区政府、高新区管理委员会共同宣布重庆科技服务大市场正式开业运营。重庆科技服务大市场线上平台可实现网上"需求发布"和"供给发布"的功能。

4. 浙江鼓励科技人员职务成果转化

浙江省政府办公厅发布《关于印发浙江省"小微企业三年成长计划"（2015—2017 年的通知》。通知规定，浙江省支持科技人员领办创办科技型小微企业，省内高校、科研院所科技人员在完成本职工作和不损害本单位利益的前提下，征得单位同意后在职创业的，其收入在照章纳税后归个人所有。同时，支持职务成果转化工作，利用职务发明成果转化所得收益，除合同另有约定外，高校和科研院所可按 60%～95%的比例划归参与研发的科技人员及其团队拥有。

5. 天津市科学技术委员会发布科技金融创新服务行动计划

2015 年 6 月 17 日，天津市科学技术委员会正式发布科技金融创新服务行动计划，引导更多金融机构和金融资源向天津国家自主创新示范区和天津自由贸易试验区聚集。至 2020 年，天津将围绕众创空间成立 100 个创新创业预孵化种子基金；设立 5 亿元规模的天使投资引导基金，成立 50 只以上天使投资基金，建立一支 100 名天使投资人队伍；引导基金规模达到 15 亿元，参股创业投资基金达到 50 只。基本形成科技型中小企业信贷和多层次资本相结合的科技金融服务链条。

6. 宁夏出台加快科技服务业发展实施方案

宁夏印发实施了《宁夏回族自治区加快科技服务业发展实施方案》。该方案围绕研究设计服务、技术转移转化服务、检验检测认证服务、创业孵化服务、知识产权服务、科技咨询服务、科技金融服务、科学技术普及和综合科技服务等九大任务，在全区层面部署科技服务业各项工作。

7. 贵州支持贵州科学院、贵州省农业科学院科技创新成果转化

贵州省将实施八条措施，鼓励贵州科学院、贵州省农业科学院科技人员可带着科研成果，保留基本待遇到企业、园区、农村基层开展创新合作或创办企业。措施规定，经所在单位批准，科技人员可带着科研成果，保留基本待遇到企业、园区、农村基层开展创新合作或创办企业。"两院"科技人员在本单位创新和转化成果所得收益，扣除直接成本后，可按高于 60% 的比例由其团队自主分配。对科技领军型创业人才创办的企业以知识产权等无形资产入股的，折算比例可达 50%～70%。

8. 珠海科研骨干最高可获 99%科技成果转化收益

珠海市科技和工业信息化局牵头起草了《珠海经济特区科技创新促进条例（修订草案征求意见稿）》，并公开征求社会意见。新修订条例分为 33 条，比原条例增加了科技金融服务、人才吸引制度等 6 条内容，修改了财政科技投入机制等 10 项内容，提出支持设立科技银行等内容。该条例提出，财政资金设立的高等学校、科研院所、新型研发机构科技成果转化后用于奖励科研负责人、骨干技术人员等重要贡献人员和团队的收益比例不低于 70%，最高可达 99%。

3.2.2　技术交易活跃程度分析

全国经济转型引发旺盛的技术需求，青岛市作为大量创新技术成果的产出地，对国家实施"创新驱动"发展战略的贡献进一步提升。16 个城市技术交易活跃度见表 3-7。

表 3-7　16 个城市技术交易活跃度数据表　　　　　　　单位：万元

城市	输出技术平均成交额	吸纳技术平均成交额	技术合同平均成交额
北京	310.64	149.24	310.64
天津	125.05	142.50	125.56
沈阳	99.15	215.87	100.24

续表

城市	输出技术平均成交额	吸纳技术平均成交额	技术合同平均成交额
大连	83.53	61.98	86.72
哈尔滨	295.41	224.19	293.04
上海	166.27	136.21	200.69
南京	73.01	292.43	74.10
宁波	110.73	63.91	113.84
厦门	88.46	72.15	91.23
青岛	72.27	99.05	74.82
武汉	139.73	230.11	142.81
广州	189.38	157.81	196.01
深圳	132.87	107.21	134.47
重庆	360.75	383.12	663.82
成都	62.13	78.66	64.75
西安	105.47	85.71	108.19

　　青岛市 2012 年技术合同平均成交额为 74.82 万元，相比其他城市略低。比较 16 个城市技术合同平均成交额可将之分成三个方阵。其中，重庆最高，为 663.82 万元，北京、哈尔滨约为 300 万元，与重庆构成第一方阵；天津、沈阳、上海、宁波、武汉、广州、深圳、西安的技术合同平均成交额在 100 万元以上，构成第二方阵；大连（86.72 万元）、南京（74.10 万元）、厦门（91.23 万元）、成都（64.75 万元）和青岛的技术合同平均成交额低于 100 万元，位居第三方阵。这说明，青岛市单项技术合同的成交额偏低，实现技术转移的技术多为小额技术，对技术转移服务效率的贡献度不高。

　　青岛市 2012 年输出技术平均成交额为 72.27 万元，在 16 个城市中排名第 15 位，仅强于成都的 62.13 万元。16 个城市中输出技术平均成交额较高的仍为重庆（360.75 万元）、北京（310.64 万元）和哈尔滨（295.41 万元）；天津、上海、宁波、武汉、广州、深圳、西安的输出技术平均成交额在 100 万～200 万元，处于中等水平；沈阳（99.15 万元）、厦门（88.46 万元）、大连（83.53 万元）、南京（73.01 万元）、青岛（72.27 万元）和成都（62.13 万元）的数值都低于 100 万元。这说明，青岛市的输出技术平均成交额偏低，所输出的技术多为小额技术，技术输出规模有待提高。

　　青岛市 2012 年吸纳技术的平均成交额为 99.05 万元，在 16 个样本城市中的排名为第 11 位，略高于输出技术的平均成交额排名，但从青岛市吸纳技术平均额的绝对数来看仍然偏低。在 16 个样本城市中，吸纳技术平均成交额最高的仍然是重庆市，为 383.12 万元，其次是南京市 292.43 万元、武汉市 230.11 万元、哈尔滨市 224.19 万元、沈阳市 215.87 万元。令人感到意外的是，广州市、北京市、天津市、上海市、深圳市吸纳技术的平均成交额也比较低，数值仅在 100 万～200 万元，大大低于重庆、南京和武汉三市的数额。青岛市（99.05 万元）、西安市（85.71 万元）、成都市（78.66 万元）、厦门市（72.15 万元）、宁波市（63.91 万元）、大连市（61.98 万元）水平较低。

值得注意的是，从城市角度来看，若其输出技术成交额高于吸纳技术成交额，输出技术大于吸纳技术的额度可以看成技术转移的收益，说明城市的整体创新性更强。16 个城市技术交易比较图如图 3-3 所示。

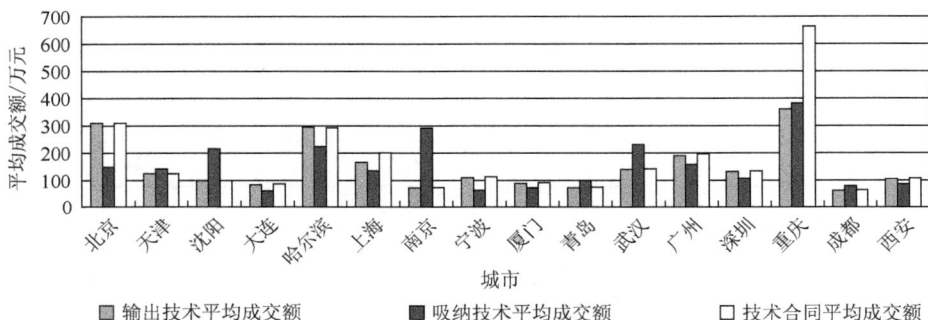

图 3-3　16 个城市技术交易比较图

在 2012 年的统计中，北京、哈尔滨、宁波、广州、上海、深圳、大连、西安、厦门的输出技术成交额都高于吸纳技术成交额，北京的技术创新水平最高；而青岛市在 16 个城市中排名第 13 位，略优于武汉、沈阳和南京。

3.2.3　消化吸收和技术改造经费支出分析

引进技术的消化吸收指对引进技术的掌握、应用、复制而开展的工作，以及在此基础上的创新。引进技术的消化吸收经费支出包括：人员培训费、测绘费、参加消化吸收人员的工资、工艺开发费、必备的配套设施费、翻版费等。原始创新、集成创新和引进先进技术基础上的消化、吸收、再创新，都是自主创新的重要形式，尤其是原始创新，更是我们在提升企业自主创新能力工作中最终的努力方向。企业在引进技术后，适当增加消化吸收经费，可以提升企业的创新能力。若用于技术消化经费偏少，说明企业的"二次创新"能力不强，制约着企业自主创新能力的进一步增强。

技术改造经费支出是企业在报告年度进行技术改造而发生的费用支出。技术改造是企业在坚持科技进步的前提下，将科技成果应用于生产的各个领域（产品、设备、工艺等），用先进技术改造落后技术，用先进工艺代替落后工艺、设备，实现以内涵为主的扩大再生产，从而提高产品质量、促进产品更新换代、节约能源、降低消耗，全面提高综合经济效益。

16 个城市消化吸收和技术改造经费支出数据如表 3-8 所示。从 2012 年 16 个城市的数据来看，吸纳技术后，消化吸收经费支出占购买国内技术经费的比重最高的是西安市，达到 695.55%；这一比例最低的是大连市，为 19.73%；青岛市技术消化吸收经费占购买国内技术经费的比重为 92.46%，在 16 个城市中排名第 11 位。吸纳技术方购买技术后，需进行技术改造以适应大规模生产需要，而技术改造经费支出占购买国内技术经费支出的倍数，最高的是哈尔滨市，达到 97.20 倍；经费支出倍数最低的是上海市，仅为 6.32 倍；青岛市技术改造经费占购买国内技术经费支出的倍数为 15.71 倍，在 16 个样本城市中的排名为第 11 位。16 个城市技术改造及消化吸收经费支出比较图如图 3-4 所示。

表 3-8　16 个城市消化吸收和技术改造经费支出数据表

城市	消化吸收经费支出/万元	占购买国内技术经费支出的比重/%	技术改造经费支出/万元	占购买国内技术经费支出的倍数
北京	70 576	162.92	962 114	22.21
天津	98 019	154.78	851 801	13.45
沈阳	15 635	159.41	506 255	51.62
大连	9 694	19.73	637 838	12.98
哈尔滨	6 480	249.71	252 231	97.20
上海	281 930	128.70	1 384 810	6.32
南京	31 825	106.10	842 104	28.07
宁波	16 034	64.17	482 346	19.30
厦门	3 258	20.57	158 414	10.00
青岛	26 733	92.46	454 233	15.71
武汉	11 288	112.60	347 084	34.62
广州	22 831	116.25	422 794	21.53
深圳	4 937	116.25	91 420	21.53
重庆	18 197	36.05	672 935	13.33
成都	6 478	57.07	888 540	78.29
西安	31 293	695.55	247 307	54.97

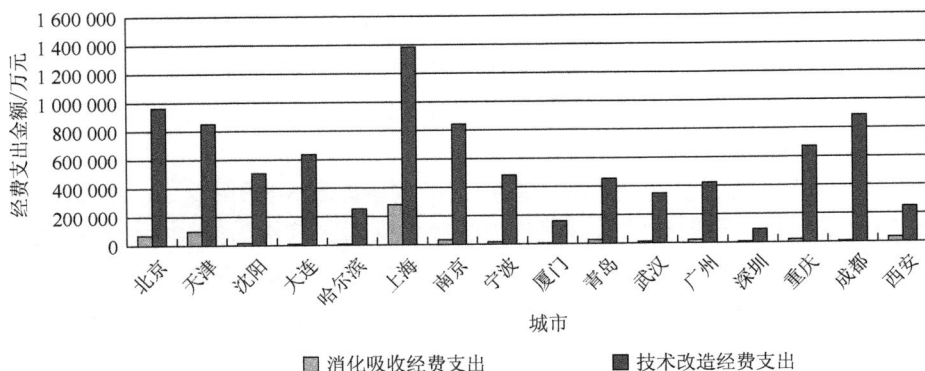

图 3-4　16 个城市技术改造及消化吸收经费支出比较图

3.2.4　高新技术企业技术创新及技术收入情况

16 个城市高新技术企业技术创新数据如表 3-9 所示。2012 年青岛市的高新技术企业平均收入为 4195.66 千元，在 16 个城市中排名第 14 位；而这一数值最高的是北京，为 53 483.73 千元，其次是天津、上海、武汉、广州；最低的是宁波（3739.34 千元）和哈尔滨（3304.77 千元）。说明青岛市的高新技术企业在技术收入方面的水平并不高。

表 3-9　16 个城市高新技术企业技术创新数据表

城市	高新技术企业平均技术收入/千元	高新技术企业平均科技活动人员/人	高新技术企业平均中高级职称/人	中高级职称比例/%	高新技术企业平均R&D 经费内部支出/千元
北京	53 483.73	61	31	50.47	5 112.50
天津	51 905.32	79	44	55.64	6 894.90
沈阳	11 434.25	169	155	91.80	15 455.12
大连	8 914.14	80	71	89.22	15 980.85
哈尔滨	3 304.77	103	84	81.38	15 677.61
上海	27 506.73	89	39	43.64	10 984.34
南京	20 042.19	153	58	37.67	13 602.07
宁波	3 739.34	68	16	23.67	4 093.27
厦门	4 350.70	79	23	29.70	5 399.52
青岛	4 195.66	113	39	34.65	9 773.20
武汉	25 008.75	139	92	66.33	11 568.70
广州	24 934.46	101	37	36.24	9 933.57

续表

城市	高新技术企业平均技术收入/千元	高新技术企业平均科技活动人员/人	高新技术企业平均中高级职称/人	中高级职称比例/%	高新技术企业平均R&D经费内部支出/千元
深圳	4 623.20	201	69	34.21	4 487.89
重庆	22 492.69	114	64	55.86	1 357.36
成都	22 941.36	95	53	56.17	8 222.91
西安	21 348.85	72	68	94.38	5 214.32

2012 年青岛市的高新技术企业平均科技活动人员数为 113 人，在 16 个城市中排名第 6 位；而这一数值最高的是深圳，为 201 人，其次是沈阳、南京、武汉、重庆；最低是宁波和北京，分别为 68 人和 61 人。从人员结构看，青岛市高新技术企业科技活动人员中高级职称人员比例为 34.65%，在 16 个城市中排名第 13 位；西安和沈阳排名最高，分别为 94.38%和 91.80%；排名最低的是宁波，为 23.67%。青岛市高新技术企业科技活动人员人数和比例在一定程度上存在不合理之处。

2012 年青岛市高新技术企业平均 R&D 经费内部支出为 9773.20 千元，在 16 个城市中排名第 8 位；大连和哈尔滨最高，分别为 15 980.85 千元和 15 677.61 千元；宁波和重庆最低，分别为 4093.27 千元和 1357.36 千元。青岛市高新技术企业在 R&D 经费内部支出上也不存在较高的竞争优势。

16 个城市人均技术收入和 R&D 经费支出数据如表 3-10 所示。从人均技术收入和支出来看，青岛市高新技术企业人均技术收入为 37.01 千元，人均 R&D 经费支出为 86.21 千元，分别在 16 个城市中排名第 14 位和第 9 位，人均技术收入和经费支出的矛盾较大。16 个城市中，人均技术收入减人均 R&D 经费支出后可获得净收益的城市有北京、天津、西安、上海、重庆、成都、广州、武汉、南京、深圳，其中北京最高，为 790.36 千元；简单相减后净损失的城市有宁波、厦门、沈阳、青岛、大连、哈尔滨，其中哈尔滨净损失最高，为 120.01 千元。青岛市在 16 个城市中排名 14 位。16 个城市高新技术企业人均技术收入与 R&D 内部经费支出对比图如图 3-5 所示。

表 3-10　16 个城市人均技术收入和 R&D 经费支出数据表　　单位：千元

城市	人均技术收入	人均 R&D 经费支出
北京	873.90	83.54
天津	660.26	87.71
沈阳	67.72	91.53
大连	111.59	200.06

续表

城市	人均技术收入	人均 R&D 经费支出
哈尔滨	32.05	152.06
上海	310.30	123.91
南京	131.04	88.93
宁波	55.18	60.40
厦门	55.40	68.76
青岛	37.01	86.21
武汉	179.91	83.22
广州	246.43	98.18
深圳	22.98	22.30
重庆	197.82	11.94
成都	241.99	86.74
西安	296.66	72.46

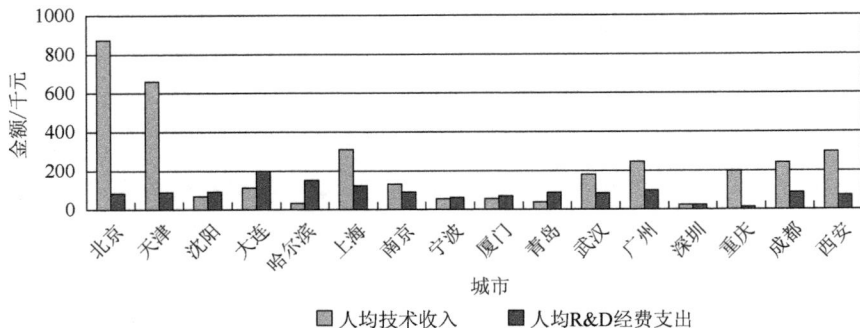

图 3-5　16 个城市高新技术企业人均技术收入与 R&D 内部经费支出对比图

3.2.5　地方高等学校技术转移分析

16 个城市地方高等学校技术转移数据如表 3-11 所示。青岛市 2012 年高等学校技术转移金额为 6047 千元，在 16 个城市中排名第 12 位；其中金额最高的是重庆，为 38 342 千元；最低的是厦门，为 722 千元。从平均每份合同金额来看，青岛市的数值为 215.96 千元，在 16 个城市中排名第 10 位。

表 3-11　16 个城市地方高等学校技术转移数据表　　　　单位：千元

城市	地方高等学校技术转移金额	平均每份合同金额	地方高等学校专利出售总金额	平均每份合同金额
北京	15 301	191.26	40	40.00
天津	11 785	368.28	7160	716.00
沈阳	—	—	—	—
大连	16 256	290.29	1273	254.60
哈尔滨	4 617	219.86	1971	328.50
上海	10 988	845.23	4713	942.60
南京	10 036	204.82	388	194.00
宁波	9 780	141.74	3127	223.36
厦门	722	361.00	370	370.00
青岛	6 047	215.96	1314	187.71
武汉	9 725	183.49	—	—
广州	7 721	772.10	665	665.00
深圳	1 669	834.50	—	—
重庆	38 342	540.03	0	—
成都	10 891	213.55	337	25.92
西安	19 192	325.29	194	194.00

从青岛市地方高等学校专利出售情况来看，青岛市地方高等学校 2012 年专利出售总金额为 1314 千元，在 16 个城市中排名第 5 位，但其平均每份专利出售合同的金额为 187.71 千元，在 16 个城市中排名第 10 位。说明青岛市地方高等学校的专利出售处于 16 个城市的中等水平，但所出售专利的合同金额较低。

16 个城市地方高等学校技术转移和专利出售收入数据如表 3-12 所示。青岛市 2012 年高等学校技术转移当年实际收入占合同金额的比重为 48.17%，在 16 个城市中排名 11 位；而专利出售的当年实际收入占合同金额的比重为 52.36%，在 16 个城市中排名第 4 位；专利出售的当年实际收入情况略好于技术转移收入。其他城市的情况，技术转移当年实际收入占合同金额比重西安、北京和武汉较高，达到了 80%左右，其他城市基本分布在 40%～70%；专利出售当年实际收入占合同金额比重北京最高，为 100%，其他城市分布较技术转移实际收入比重分散，10%～70%。如图 3-6 所示。

表 3-12　16 个城市地方高等学校技术转移和专利出售收入数据表　单位：%

城市	技术转移当年实际收入占合同金额比重	专利出售当年实际收入占合同金额比重
北京	81.61	100.00
天津	50.57	34.50
沈阳	3.45	25.24
大连	62.73	26.00
哈尔滨	54.60	43.43
上海	64.63	23.51
南京	69.08	51.55
宁波	63.66	75.44
厦门	38.09	44.05
青岛	48.17	52.36
武汉	79.52	52.36
广州	41.57	19.70
深圳	41.58	19.44
重庆	0.00	0.00
成都	60.44	73.00
西安	82.27	13.40

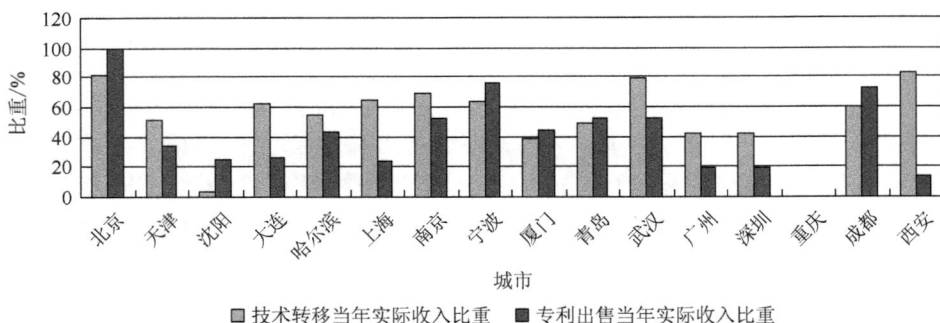

图 3-6　16 个城市技术转移和专利出售当年实际收入占合同金额比重比较图

3.2.6　各地区研发机构收入及支出分析

16 个城市研发机构收入及支出数据如表 3-13 所示。青岛市研究与开发机构 2012 年获得专利所有权转让及许可收入 249 万元，在 16 个城市中排名第 8 位；专利转让及许可平均收入为 22.64 万元，在 16 个城市中排名第 6 位。青岛市研发机构总体排名较为靠前。专利转让及许可总收入较高的城市为北京、广州、沈阳、上海、大连、成都、深圳，平均收入较高的城市为广州、深圳、大连、北京和武汉。

表 3-13　16 个城市研发机构收入及支出数据表

城市	各地区研究与开发机构专利所有权转让及许可数/件	各地区研究与开发机构专利所有权转让及许可收入/万元	专利转让及许可平均收入/万元
北京	187	12 960	69.30
天津	4	31	7.75
沈阳	829	2 112	2.55
大连	12	1 277	106.42
哈尔滨	2	11	5.50
上海	70	1 295	18.50
南京	4	55	13.75
宁波	3	27	9.00
厦门	1	7	7.00
青岛	11	249	22.64
武汉	4	117	29.25
广州	9	2 115	235.00
深圳	2	457	228.50
重庆	5	67	13.40
成都	35	524	14.97
西安	5	66	13.20

16 个城市地方高等学校研发支出数据如表 3-14 所示。青岛市可借鉴专利所有权转让及许可收入规模和结构较佳城市，如北京、广州、深圳。通过对这些城市的分析，青岛市应当加大对境内研究机构支出，同时应适当控制对境外机构的支出，以优化研发机构的支出结构。

表 3-14　16 个城市地方高等学校研发支出数据表　　　单位：万元

城市	对境内研究机构支出	对境内高等学校支出	对境内企业支出	对境外机构支出
北京	290 193	148 633	19 137	34 671
广州	910	626	111	55
沈阳	77 964	18 192	26 837	2 112
上海	13 315	6 668	1 730	2 758
大连	4 090	1 033	861	2 196

续表

城市	对境内研究机构支出	对境内高等学校支出	对境内企业支出	对境外机构支出
成都	5 206	1 483	157	2 387
深圳	197	135	24	12
青岛	480	253	151	77
武汉	340	238	69	33
重庆	2 452	718	1 734	0
西安	19 420	242	0	107
南京	636	237	91	248
天津	1 206	461	190	34
宁波	1 687	900	550	189
哈尔滨	12	12	0	0
厦门	89	3	59	27

由表 3-14 数据可绘制青岛市地方高校研发支出比重图，如图 3-7 所示，而广州、大连、北京、深圳地方高校研发支出比重如图 3-8 所示。

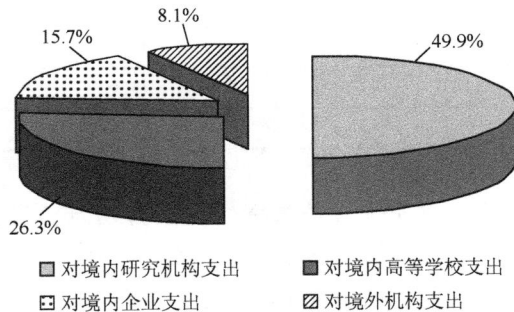

图 3-7　青岛市地方高校研发支出比重图

3.2.7　政府对技术转移和创新的支持分析

16 个城市政府创新及技术转移支持数据如表 3-15 所示。2012 年青岛市企业使用来自政府部门的科技活动资金为 39 440 万元，在 16 个城市中排名第 12 位；使用政府科技资金较多的城市是上海和北京，分别为 292 568 万元和 167 097 万元；使用资金较少的城市是深圳和厦门，分别为 18 784 万元和 10 106 万元。

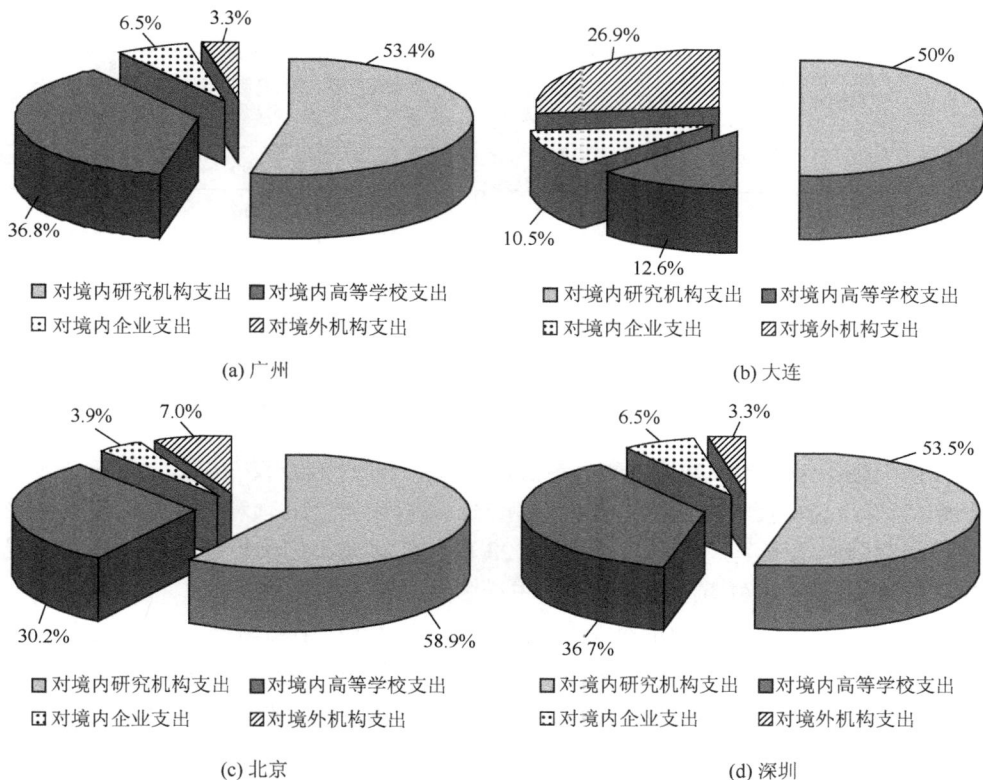

(a) 广州

(b) 大连

(c) 北京

(d) 深圳

图 3-8 主要城市地方高校研发支出比重图

表 3-15 16 个城市政府创新及技术转移支持数据表

城市	企业使用来自政府部门的科技活动资金/万元	企业研究开发费用加计扣除减免税/万元	高新技术企业减免税/万元	火炬计划专利授权数/项	火炬计划自有技术数/项
北京	167 097	50 707	320 715	226	172
天津	67 601	116 152	104 970	126	62
沈阳	77 964	18 192	26 837	73	34
大连	81 060	18 914	27 902	48	14
哈尔滨	34 538	7 506	23 815	23	22
上海	292 568	294 199	524 283	121	93
南京	40 314	38 242	92 687	110	68
宁波	28 801	58 082	100 325	188	105
厦门	10 106	8 993	27 967	42	33
青岛	39 440	21 444	48 096	59	41

续表

城市	企业使用来自政府部门的科技活动资金/万元	企业研究开发费用加计扣除减免税/万元	高新技术企业减免税/万元	火炬计划专利授权数/项	火炬计划自有技术数/项
武汉	46 388	29 478	31 235	96	42
广州	86 870	89 471	274 268	116	92
深圳	18 784	19 346	59 304	54	40
重庆	66 794	34 776	25 059	55	54
成都	63 284	22 001	24 648	76	30
西安	89 658	11 766	10 212	85	42

在火炬计划的授权数上，青岛市 2012 年获火炬计划授权 59 项，在 16 个城市中排名第 11 位；授权数较高的是北京和宁波，分别为 226 项和 188 项；授权数较少的是厦门和哈尔滨，分别为 42 项和 23 项。但青岛市的火炬计划自有技术较授权数状况更优，为 41 项，在 16 城市中排名第 10 位。

政府对高新技术企业的减免税上，青岛市 2012 年高新技术企业减免税为 48 096 万元，在 16 个城市中排名第 8 位；获得高新技术企业减免税较高的是上海和北京，分别为 524 283 万元和 320 715 万元；较少的是哈尔滨和西安，分别为 23 815 万元和 10 212 万元。

对一般性企业的研究开发费用加计扣除减免税，青岛市 2012 年享受 21 444 万元，在 16 个城市中排名第 10 位；较高的是上海和天津，分别为 294 199 万元和 116 152 万元；最低的是厦门和哈尔滨，分别为 8993 万元和 7506 万元。

可见，政府对技术转移和科技创新的支持更多地投入到北京、上海和天津等城市，青岛市应从自身角度考虑，争取更大的政府支持。

第 4 章　技术转移服务效率评价模型

在技术转移服务中常常会遇到这样的问题：在经过一段时间后，需要对同类、同级别的技术转移机构或部门的技术转移服务效率进行评价，如对各省的技术转移服务效率进行总体效率评价或对某几个技术转移服务机构的服务效率进行评价等。其中，每一个技术转移机构或部门都可以看成一个 DMU。其评价依据一种是它在技术转移活动中所需要消耗的成本投入量，即所谓的输入指标，如技术转移相关成本、技术转移机构办公费用、技术利用率、全部技术转移服务机构的人数、人员的学位和年龄比例等；而另一种是表示技术转移服务活动成效的指标，即所谓的输出指标，如某省在某年度内的技术合同成交额、技术转移转化率等。根据以上所述的多个输入指标和多个输出指标的各项数据来评价相对于所有的 DMU 来说某个 DMU 技术转移服务效率的优劣，这就是 DEA 相对有效性。

4.1　单输入输出的 DEA 有效性评价

技术转移服务效率的 DEA 有效性评价要研究多输入、多输出的情况，认识问题总是从一般到特殊，因而先要考虑单输入、单输出的情况。

4.1.1　技术转移的投入产出函数

考虑投入一种技术转移成本要素来创造技术转移收入的情况。在一定技术转移技术水平和规模效率下，任给某种技术转移成本要素的输入（如参与某项技术转移服务的人员投入）量 $x \geqslant 0$，有最大可能的输出（该项技术转移的收入产出）量 Y 与之相对应，这个对应关系就是技术转移的投入产出函数，其图像如图 4-1 所示的曲线 C。若 $0 \leqslant y \leqslant Y$，则 y 为可能的技术转移收入输出，故 (x, y) 为可能的技术转移活动。所有可能的技术转移活动的全体 T_1 为产出可能集，其图形为图 4-1 中的曲线 C 与 x 轴所围成的区域。可见，曲线 C 为区域 T_1 的上包络线。给定技术转移成本输入量 $x \geqslant 0$，对属于产出可能集 T_1 的技术转移活动 (x, y)，其技术转移收入的输出量 y 有最大值 Y，可表示为线性规划模型

$$Y = \max y$$
$$\text{s.t.} \ (x, y) \in T_1 \tag{4-1}$$

点 (x, Y) 在技术转移投入产出函数的图像（即 T_1 的上包络线）C 上。

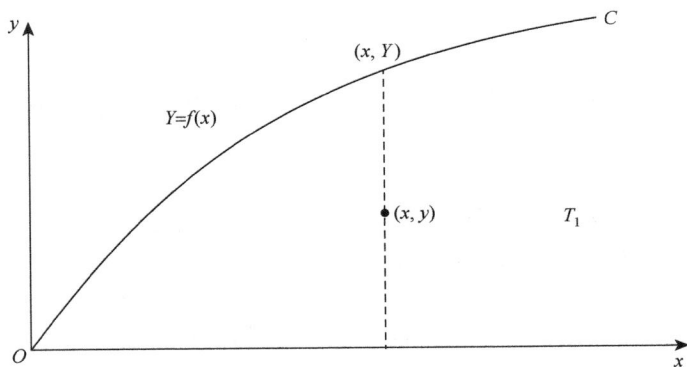

图 4-1　技术转移投入产出函数图

4.1.2　多个 DMU 的投入产出可能集

同样，可以将上述技术转移投入产出函数推广到有多个 DMU 的情况。如有 n 个同类型的技术转移机构或部门，其中第 j 个部门有技术转移成本要素输入 x_j，技术转移收入输出 y_j，即有技术转移活动 $A_j(x_j, y_j)$, $j = 1, \cdots, n$。由其组成的投入产出可能集为

$$\hat{T} = \left\{ (x_1, y_1), \cdots, (x_n, y_n) \right\}$$

当 $n = 6$ 时，点 $A_j(x_j, y_j)(j = 1, \cdots, 6)$ 的图形如图 4-2 所示。

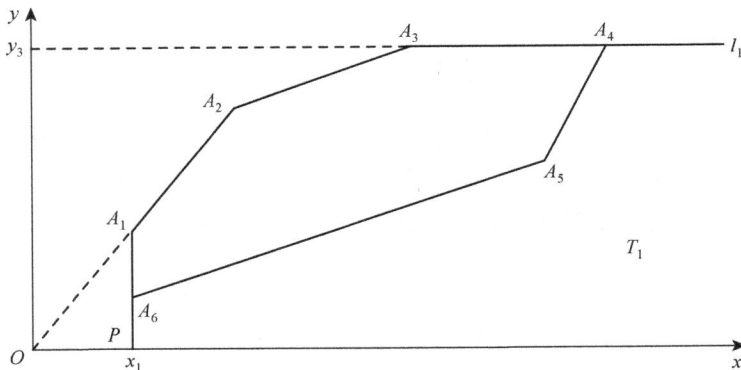

图 4-2　多个 DMU 的技术转移投入产出函数

1. 技术转移活动的凸性

在技术转移活动中，若已知技术转移成本要素的输入 x_1 对应有技术转移收入输出 y_1，同样输入 x_2 对应有输入 y_2，则输入 $\left(\dfrac{1}{3} \right) x_1 + \left(\dfrac{2}{3} \right) x_2$ 对应的可能输出为

$\left(\dfrac{1}{3}\right)y_1+\left(\dfrac{2}{3}\right)y_2$，即

$$\left(\left(\dfrac{1}{3}\right)x_1+\left(\dfrac{2}{3}\right)x_2,\left(\dfrac{1}{3}\right)y_1+\left(\dfrac{2}{3}\right)y_2\right)=\left(\dfrac{1}{3}\right)(x_1,y_1)+\left(\dfrac{2}{3}\right)(x_2,y_2)$$

（对应点在线段 A_1A_2 上）为可能的技术转移活动。

一般地，对任意两个可能的技术转移活动 (x,y) 与 (x',y')，任给满足 $\lambda_1+\lambda_2=1$ 的 $\lambda_1\geqslant 0$ 和 $\lambda_2\geqslant 0$，输入 $\lambda_1x+\lambda_2x'$ 对应可能的输出 $\lambda_1y+\lambda_2y'$，即

$$(\lambda_1x+\lambda_2x',\lambda_1y+\lambda_2y')=\lambda_1(x,y)+\lambda_2(x',y')$$

为可能的技术转移活动，即为技术转移活动的凸性。

同理可得，对 n 个技术转移活动 $(x_1,y_1),\cdots,(x_n,y_n)$，若任给满足 $\sum\limits_{j=1}^{n}\lambda_j=1$ 的 n 个 $\lambda_j\geqslant 0(j=1,\cdots,n)$，则

$$\left(\sum_{j=1}^{n}\lambda_jx_j,\sum_{j=1}^{n}\lambda_jy_j\right)=\sum_{j=1}^{n}\lambda_j(x_j,y_j)$$

为可能的技术转移活动，即 $(x_1,y_1),\cdots,(x_n,y_n)$ 的凸组合，其全体为

$$C(\hat{T})=\left\{\left(\sum_{j=1}^{n}\lambda_jx_j,\sum_{j=1}^{n}\lambda_jy_j\right)\middle|\sum_{j=1}^{n}\lambda_j=1,\lambda_j\geqslant 0,j=1,\cdots,n\right\}$$

当 $n=6$ 时，其图形为图 4-2 中以 A_1、A_2、A_3、A_4、A_5、A_6 为顶点的凸多边形。

2. 技术转移活动的无效性

技术转移工作中，并不是所有转移活动都是有效的，在技术转移投入产出可能集中，存在较多的技术转移成本因素的输入或是较少的技术转移收入输出的可能，这些可能即技术转移活动的无效性。

对可能的技术转移活动 (x_0,y_0)，若 $x\geqslant x_0$，$0\leqslant y\leqslant y_0$，则 (x,y) 为可能的技术转移活动，对 $\left(\sum\limits_{j=1}^{n}\lambda_jx_j,\sum\limits_{j=1}^{n}\lambda_jy_j\right)\in C(\hat{T})$，若 y 非负，有

$$x\geqslant \sum_{j=1}^{n}\lambda_jx_j,0\leqslant y\leqslant \sum_{j=1}^{n}\lambda_jy_j$$

则投入产出可能集为

$$T_1=\left\{(x,y)\middle|x\geqslant \sum_{j=1}^{n}\lambda_jx_j,0\leqslant y\leqslant \sum_{j=1}^{n}\lambda_jy_j,\sum_{j=1}^{n}\lambda_j=1,\lambda_j\geqslant 0,j=1,\cdots,n\right\}$$

当 $n=6$ 时，其图形为图 4-2 中 x 轴、线段 PA_1 与折线 l_1（由折线 $A_1A_2A_3A_4$ 及 A_3A_4 的延长线组成）所围成的区域。T_1 的上边界线 l_1 为 T_1 的上包络线。

而投入产出可能集 T_1 在 x 轴与 y 轴的投影分别为

$$T_{1x} = \left\{ x \middle| x \geqslant \sum_{j=1}^{n} \lambda_j x_j, \sum_{j=1}^{n} \lambda_j = 1, \lambda_j \geqslant 0, j = 1, \cdots, n \right\}$$

$$T_{1y} = \left\{ y \middle| 0 \leqslant y \leqslant \sum_{j=1}^{n} \lambda_j y_j, \sum_{j=1}^{n} \lambda_j = 1, \lambda_j \geqslant 0, j = 1, \cdots, n \right\}$$

T_{1x} 为技术转移活动中技术转移成本要素的可能输入集合，T_{1y} 为技术转移收入的可能输出集合。

在图 4-2 中，$T_{1x} = \left\{ x \middle| x \geqslant x_1 \right\}$，$T_{1y} = \left\{ y \middle| 0 \leqslant y \leqslant y_3 \right\}$。

4.1.3　对技术转移投入产出函数的讨论

1. 给定技术转移成本输入求技术转移收入输出的最大化

技术转移收入 $y_0 > 0$，任给技术转移的成本输入 $x_0 \in T_{1x}$，有 $\alpha > 0$ 使得技术转移活动 $(x_0, \alpha y_0) \in T_1$，满足这个条件的技术转移收入输出 αy_0 有最大值 $\alpha_0 y_0$，即

$$\alpha_0 y_0 = \max(\alpha y_0)$$
$$\text{s.t.} (x_0, \alpha y_0) \in T_1$$

因 $y_0 > 0$，$(x_0, \alpha y_0) \in T_1$ 时 αy_0 的最大值为 $\alpha_0 y_0$，即 α 的最大值为 α_0，也就是问题 (F_1)

$$\max \alpha$$
$$\text{s.t.} (x_0, \alpha y_0) \in T_1 \tag{4-2}$$

的最大值为 α_0。如图 4-3 所示。

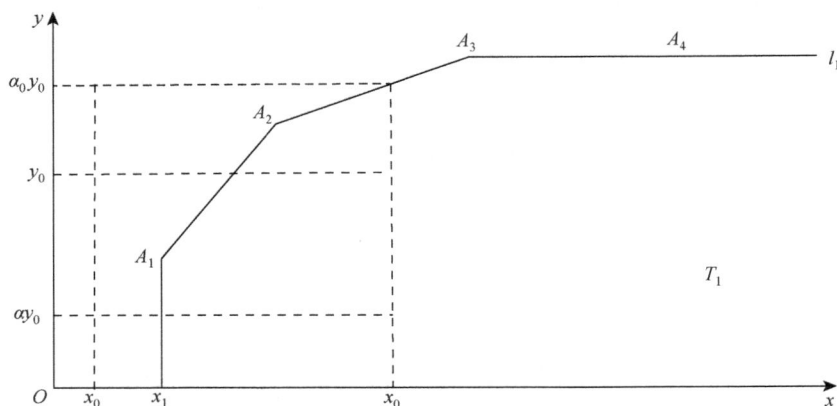

图 4-3　当 $(x_0, y_0) \in T_1$ 时给定输入求输出最大化

由图 4-3 可知，设 $y_0 > 0$，任给定技术转移成本输入 $x_0 \in T_{1x}$，满足 $(x_0, \alpha y_0) \in T_1$

的技术转移收入输出 αy_0 有最大值 $\alpha_0 y_0$ 与它对应，这个对应关系即为技术转移的投入产出函数：当问题 (F_1) 的最大值为 1 时，即 $\alpha_0 = 1$ 时，$(x_0, \alpha_0 y_0)$ 在 T_1 的上包络线 l_1 上，l_1 即为技术转移的投入产出函数。设 $x_0 \in T_{1x}$，$y_0 > 0$，当 $(x_0, y_0) \in T_1$ 时，$\alpha_0 y_0 \geqslant y_0$，故有 $\alpha_0 \geqslant 1$。

当 $(x_0, y_0) \notin T_1$ 时，$\alpha_0 y_0 < y_0$，故有 $\alpha_0 < 1$，如图 4-4 所示。因而，$x_0 \in T_{1x}$ 且 $y_0 > 0$ 时，$(x_0, y_0) \in T_1$ 的充分必要条件为问题 (F_1) 的最大值 $\alpha_0 \geqslant 1$。若 $x_0 \notin T_{1x}$，由图 4-4 可知，$x_0 < x_1$，$(x_0, \alpha y_0) \notin T_1$，所以问题 (F_1) 无解。

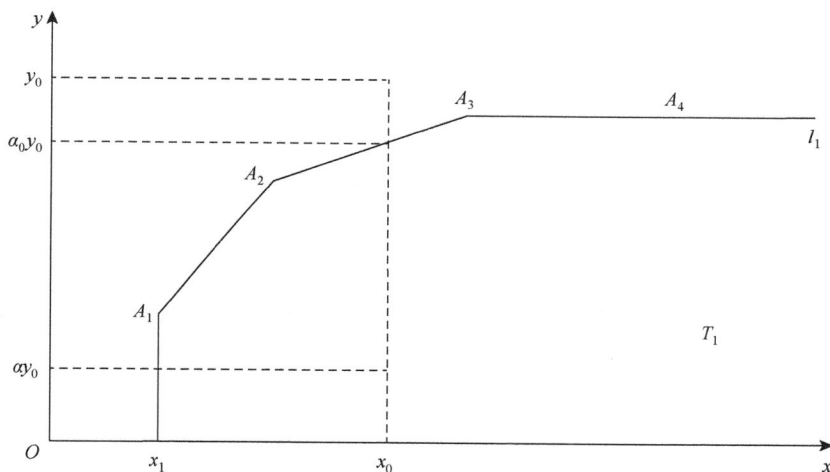

图 4-4　当 $x_0 \in T_{1x}$，$(x_0, y_0) \notin T_1$ 时给定输入求输出最大化

2. 给定技术转移收入输出求技术转移成本输入的最小化

同样地，给定技术转移收入输出，在投入产出可能集 T_1 中求技术转移成本输入最小的技术转移活动。

给定技术转移收入输出 $y_0 \in T_{1y}$，且技术转移成本输入 $x_0 > 0$，满足 $(\theta x_0, y_0) \in T_1$ 的输入 θx_0 的最小值为 $\theta_0 x_0$，即

$$\theta_0 x_0 = \min(\theta x_0)$$

$$\text{s.t.} (\theta x_0, y_0) \in T_1$$

由于 $x_0 > 0$，$(\theta x_0, y_0) \in T_1$ 时 θx_0 的最小值为 $\theta_0 x_0$，即 θ 的最小值为 θ_0，即问题 (D_1)

$$\min \theta$$
$$\text{s.t.} (\theta x_0, y_0) \in T_1 \tag{4-3}$$

的最小值为 θ_0，如图 4-5 所示。

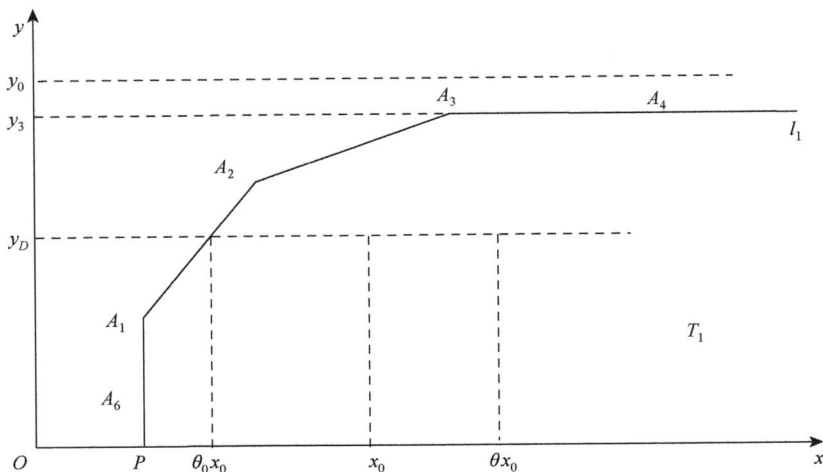

图 4-5　当 $(x_0, y_0) \in T_1$ 时给定输出求输入最小化

由图 4-5 可知，设 $x_0 > 0$，任给技术转移收入输出 $y_0 \in T_{1y}$，满足 $(\theta x_0, y_0) \in T_1$ 的技术转移成本因素输入 θx_0 有最小值为 $\theta_0 x_0$ 与它对应，这个对应关系即为技术转移的投入产出函数：当问题 (D_1) 的最小值为 1 时，即 $\theta_0 = 1$ 时，点 $(\theta_0 x_0, y_0)$ 在 T_1 的左包络线 l_2（即折线 $PA_1A_2A_3$）上，l_2 即为技术转移的投入产出函数。设 $y_0 \in T_{1y}$，$x_0 > 0$，当 $(x_0, y_0) \in T_1$ 时，$\theta_0 x_0 \leqslant x_0$，故有 $\theta_0 \leqslant 1$。

当 $(x_0, y_0) \notin T_1$ 时，$\theta_0 x_0 > x_0$，故有 $\theta_0 > 1$，如图 4-6 所示。

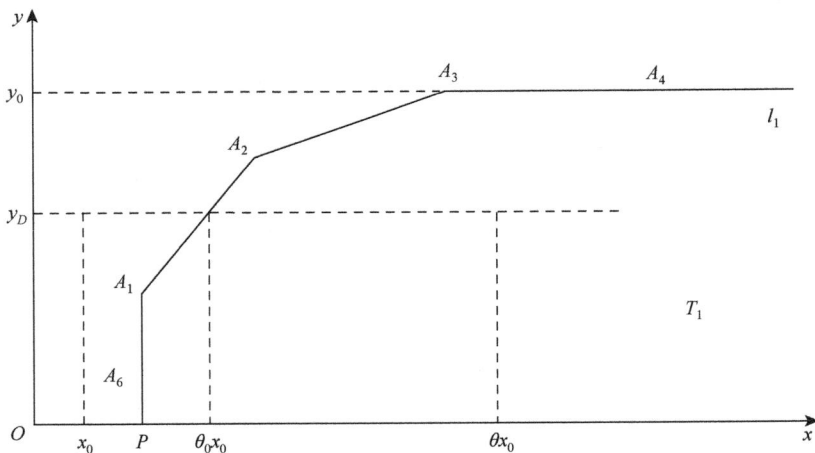

图 4-6　当 $y_0 \in T_{1y}$，$(x_0, y_0) \notin T_1$ 时给定输出求输入最小化

因而，$y_0 \in T_{1y}$ 且 $x_0 > 0$ 时，$(x_0, y_0) \in T_1$ 的充分必要条件为问题 (D_1) 的最小值 $\theta_0 \leqslant 1$。若 $y_0 \notin T_{1y}$，由图 4-6 可知，$y_0 > y_3$，$(\theta x_0, y_0) \notin T_1$，所以问题 (D_1) 无解。

4.1.4 技术转移服务效率的 DEA 有效性及其特征

1. 弱 DAE 有效

对由若干个技术转移机构或部门单位构成的投入产出可能集 T_1 及某个技术转移机构或部门单位对应的技术转移活动 $(x_0, y_0) \in T_1(x_0 > 0, y_0 > 0)$，若问题 (F_1) 的最优值 $\alpha_0 = 1$ 或者问题 (D_1) 的最优值 $\theta_0 = 1$ [即点 (x_0, y_0) 或位于 T_1 的上包络线 l_1（由折线 $A_1 A_2 A_3 A_4$ 及 $A_3 A_4$ 的延长线组成）上或位于 T_1 的左包络线 l_2（即折线 $P A_1 A_2 A_3$）上，也就是位于 T_1 的包络线 $l_1 \cup l_2$（即折线 $A_1 A_2 A_3$）上]，则 (x_0, y_0) 对应的技术转移机构或部门单位为弱 DAE 有效（$C^2 GS^2$）。

这就可以将投入产出可能集 T_1 中的技术转移机构或部门单位分为两类：对应点在 T_1 的包络线 $l_1 \cup l_2$ 上的技术转移机构或部门单位为弱 DAE 有效；其余的为非弱 DEA 有效。

2. T_1 的 DEA 包络线分析

由图 4-2 可见，技术转移活动 $A_j(x_j, y_j), j = 1, \cdots, 6$ 中除了 A_5 以外都在 T_1 的包络线 $l_1 \cup l_2$ 上。该包络线由线段或者射线组成，其中每条都对应某个斜率非负的直线方程，如图 4-7 所示。

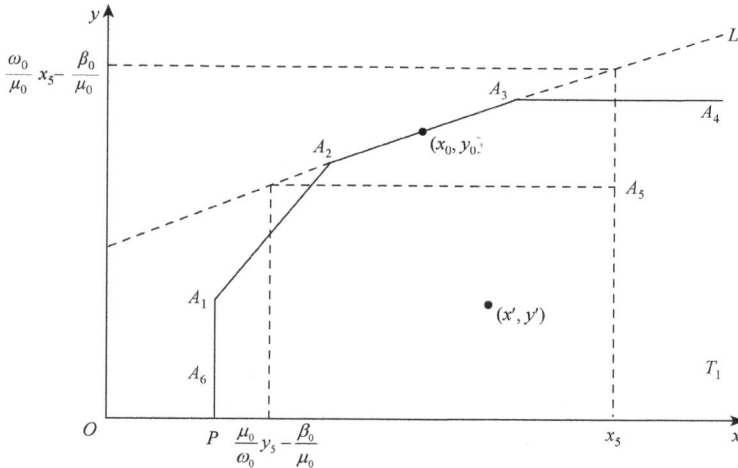

图 4-7 T_1 的 DEA 包络线分析图

以下由图 4-7 来讨论在 T_1 的 DEA 包络线 $l_1 \cup l_2$ 上的点 (x_0, y_0) 的特征。

设点 (x_0, y_0) 所在的直线 L 为 $\omega_0 x - \mu_0 y + \beta_0 = 0$，即 $\omega_0 x_0 - \mu_0 y_0 + \beta_0 = 0$。

若 $y_0 > 0$ 且点 (x_0, y_0) 位于 T_1 的 DEA 包络线 $l_1 \cup l_2$ 上，若 $\mu_0 \neq 0$，则直线方程可写为

$$y = (\omega_0/\mu_0)x + \beta_0/\mu_0$$

其斜率为 $\omega_0/\mu_0 \geqslant 0$，取 $\mu_0 > 0$，则 $\omega_0 \geqslant 0$ 且 $\mu_0 y_0 > 0$。

若 $x_0 > 0$ 且点 (x_0, y_0) 位于 T_1 的 DEA 包络线 $l_1 \cup l_2$ 上，若 $\omega_0 \neq 0$，则直线方程可写为

$$x = (\mu_0/\omega_0)y - \beta_0/\omega_0$$

其斜率为 $\mu_0/\omega_0 \geqslant 0$，取 $\omega_0 > 0$，则 $\mu_0 \geqslant 0$ 且 $\omega_0 x_0 > 0$。

由图 4-7 可知，点 $A_j(x_j, y_j), j = 1, \cdots, 6$ 都不在直线 L 的上方或者左方，因此有

$$y_j \leqslant (\omega_0/\mu_0)x_j + \beta_0/\mu_0$$

$$x_j \geqslant (\mu_0/\omega_0)y_j - \beta_0/\omega_0$$

即有 $\omega_0 x_j - \mu_0 y_j + \beta_0 \geqslant 0, j = 1, \cdots, n$。

同理有任意 $(x', y') \in T_1$ 都不在直线 L 的上方或者左方，即有

$$\omega_0 x' - \mu_0 y' + \beta_0 \geqslant 0$$

因此，上述的直线 L 与 T_1 的交集 $L \cap T_1$ 即为 T_1 的 DEA 前沿线，而 T_1 的 DEA 包络线 $l_1 \cup l_2$ 即由所有 T_1 的 DEA 前沿线连缀而成。

3. DEA 有效性

对由若干个技术转移活动所构成的投入产出可能集 T_1，可将其中的点分为在与不在 T_1 的 DEA 包络线上两类。若点 (x_0, y_0) 在 T_1 的包络线 $l_1 \cup l_2$ 上，且 $x_0 > 0, y_0 > 0$，则存在直线 $L: \omega_0 x - \mu_0 y + \beta_0 = 0$ 满足下列条件 (B_1')

$$\omega_0 x_0 - \mu_0 y_0 + \beta_0 = 0$$

$$\omega_0 x_j - \mu_0 y_j + \beta_0 \geqslant 0, j = 1, \cdots, n$$

$$\omega_0 \geqslant 0, \mu_0 \geqslant 0, \mu_0 y_0 > 0 \text{或} \omega_0 x_0 > 0$$

即对应的技术转移机构或部门单位为弱 DEA 有效 ($C^2 GS^2$)。

进一步地，可以将弱 DEA 有效 ($C^2 GS^2$) 的技术转移活动分为两类：一类是 $\omega_0 = 0$ 或 $\mu_0 = 0$ 的情况，如图 4-2 中的点 A_4 与点 A_6，它们对应的技术转移活动为弱 DEA 有效 ($C^2 GS^2$)；另一类是 ω_0 和 μ_0 严格大于零的情况，即 $\omega_0 > 0$，$\mu_0 > 0$，如图 4-2 中的点 A_1、A_2 与 A_3，它们分别存在过 $A_1 A_2$、$A_2 A_3$ 的直线，这两条直线都满足条件 (B_1') 且斜率为正，它们对应的技术转移活动为弱 DEA 有效 ($C^2 GS^2$)，同时也是 DEA 有效 ($C^2 GS^2$)（可见，若某点为 DEA 有效别为弱 DEA 有效）。用数学公式表示即 T_1 中的点 (x_0, y_0)，$x_0 > 0$，$y_0 > 0$，若存在直线 $L: \omega_0 x - \mu_0 y + \beta_0 = 0$ 满足下列条件 (C_1')

$$\omega_0 x_0 - \mu_0 y_0 + \beta_0 = 0$$

$$\omega_0 x_j - \mu_0 y_j + \beta_0 \geqslant 0, j = 1, \cdots, n$$

$$\omega_0 > 0, \mu_0 > 0$$

则点 (x_0, y_0) 所对应的技术转移活动为 DEA 有效 (C^2GS^2)。

同样地，在 T_1 的 DEA 包络线 $l_1 \cup l_2$ 上的点，即对应的技术转移活动为弱 DEA 有效 (C^2GS^2)，存在满足 (B_1') 的直线 $L: \omega_0 x - \mu_0 y + \beta_0 = 0$，还可以将这些点按 β_0 是否为零（即直线 L 是否过原点）来分为两类：如图 4-2 中只有线段 $A_1 A_2$ 上的存在满足条件 (B_1') 且过原点的直线。用数学公式表示即 T_1 中的点 (x_0, y_0)，$x_0 > 0$，$y_0 > 0$，若存在直线 $L: \omega_0 x - \mu_0 y = 0$ 满足下列条件 (B_0')

$$\omega_0 x_0 - \mu_0 y_0 = 0$$
$$\omega_0 x_j - \mu_0 y_j \geqslant 0, j = 1, \cdots, n$$
$$\omega_0 \geqslant 0, \mu_0 \geqslant 0, \mu_0 y_0 > 0 \text{ 或 } \omega_0 x_0 > 0$$

则点 (x_0, y_0) 对应的技术转移活动为弱 DEA 有效 (C^2R)。

进一步地，可以将弱 DEA 有效 (C^2R) 的技术转移活动分为两类：若有 ω_0 和 μ_0 严格大于零的情况，即 $\omega_0 > 0$，$\mu_0 > 0$，这些点对应的技术转移活动是 DEA 有效 (C^2R)。

总之，对由若干个技术转移活动所构成的投入产出可能集 T_1，将其中的点分为在与不在 T_1 的包络线 $l_1 \cup l_2$ 上两类，在此包络线上的点［对应的技术转移机构或部门单位所进行的技术转移活动为弱 DEA 有效 (C^2GS^2)］都对应一个满足条件 (B_1') 的直线方程 $L: \omega_0 x - \mu_0 y + \beta_0 = 0$。将这个包络线上的点根据 ω_0 和 μ_0 是否都为正来分类，当 ω_0 和 μ_0 都为正时，即 $\omega_0 > 0$，$\mu_0 > 0$ 时为 DEA 有效 (C^2GS^2)；还可以根据 β_0 是否为零来分类，当 $\beta_0 = 0$ 且 $\omega_0 \geqslant 0$，$\mu_0 \geqslant 0$ 时为弱 DEA 有效 (C^2R)，当 $\beta_0 = 0$ 且 $\omega_0 > 0$，$\mu_0 > 0$ 时为 DEA 有效 (C^2R)。DEA 有效性的分类情况可见图 4-8。

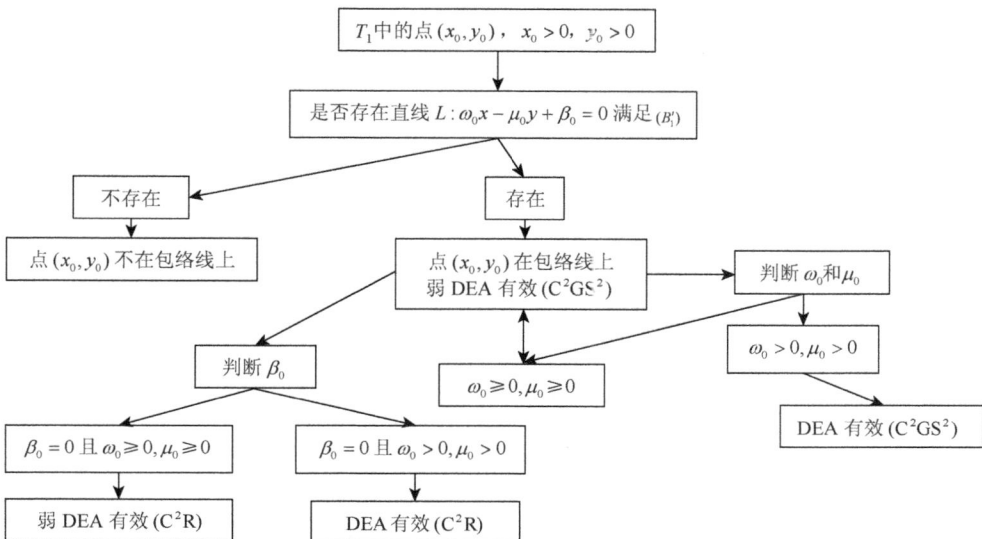

图 4-8 DEA 有效性的分类图

4.2　技术转移服务效率的 C^2GS^2 模型及其改进

4.2.1　多输入多输出下技术转移投入产出可能集的构造

假设有 n 个技术转移机构或部门单位，其中第 j 个技术转移机构或部门（即为 DMU_j），有技术转移成本因素输入指标 x_i 的值 $x_{ij}(i=1,\cdots,m)$，技术转移收入因素输出指标 y_k 的值 $y_{kj}(k=1,\cdots,s)$，$j \in J = \{1,\cdots,n\}$，记技术转移成本因素总输入指标为 $X=(x_1,\cdots,x_m)^T$，技术转移收入总输出指标为 $Y=(y_1,\cdots,y_s)^T$，(X_j,Y_j) 为第 j 个技术转移活动，$j \in J$，其中 $X_j=(x_{1j},\cdots,x_{mj})^T$，$Y_j=(y_{1j},\cdots,y_{sj})^T$。由这些技术转移活动所构成的集合

$$\hat{T}=\{(X_1,Y_1),\cdots,(X_n,Y_n)\}$$

为参考集。集合

$$T_1=\{(X,Y)|收入输出可以由成本输入得出\}$$

即为投入产出可能集，它表示技术转移活动存在某投入产出函数，从而可以由技术转移成本要素输入得出技术转移收入输出。

已知技术转移活动 $(X_j,Y_j)\in T_1$，$j \in J$，则技术转移投入产出可能集具有如下性质。

1. 凸性

对任意的 $(X,Y)\in T_1$ 和 $(X',Y')\in T_1$，以及任意满足 $\lambda_1+\lambda_2=1$ 的 $\lambda_1 \geqslant 0$，$\lambda_2 \geqslant 0$，有

$$\lambda_1(X,Y)+\lambda_2(X',Y')=(\lambda_1 X+\lambda_2 X',\lambda_1 Y+\lambda_2 Y')\in T_1$$

成立，即若 X、X' 分别以 λ_1、λ_2 的比例来求和的输入，则可能产生 Y、Y' 分别以 λ_1、λ_2 的比例来求和的输出。

2. 无效性

对任意的 $(X,Y)\in T_1$，若 $X' \geqslant X$，$Y' \leqslant Y$，则 $(X',Y')\in T_1$。即对原来的技术转移活动来说，技术转移成本要素输入不减少且技术转移收入输出不增加所进行的技术转移活动是可能的。

3. 最小性

投入产出可能集 T_1 是满足上述两条性质的所有集合的交集。

因此，可以根据上述性质构造出技术转移的投入产出可能集。因为 $(X_j,Y_j)\in T_1$，

$j \in J$，由凸性可知，对任意满足 $\sum\limits_{j \in J} \lambda_j = 1$ 的 $\lambda_j \geqslant 0(j \in J)$，有

$$\sum_{j \in J} \lambda_j(X_j, Y_j) = \left(\sum_{j \in J} \lambda_j X_j, \sum_{j \in J} \lambda_j Y_j\right) \in T_1$$

因此，满足上述性质的投入产出可能集为

$$T_1 = \left\{(X, Y) \middle| X \geqslant \sum_{j \in J} \lambda_j X_j, Y \leqslant \sum_{j \in J} \lambda_j Y_j, \sum_{j \in J} \lambda_j = 1, \lambda_j \geqslant 0, j \in J\right\}$$

于是可能输入的集合与可能输出的集合分别为

$$T_{1X} = \left\{X \middle| X \geqslant \sum_{j \in J} \lambda_j X_j, \sum_{j \in J} \lambda_j = 1, \lambda_j \geqslant 0, j \in J\right\}$$

$$T_{1Y} = \left\{Y \middle| Y \leqslant \sum_{j \in J} \lambda_j Y_j, \sum_{j \in J} \lambda_j = 1, \lambda_j \geqslant 0, j \in J\right\}$$

4.2.2　技术转移服务效率的 C^2GS^2 模型

1. 基于技术转移成本要素输入的 C^2GS^2 模型

有 n 个技术转移机构或部门单位决策单元 $DMU_1, \cdots, DMU_n$，其中第 j 个技术转移机构 DMU_j 进行的技术转移活动为 (X_j, Y_j)，给定 (X_0, Y_0)，则问题 (F_1)

$$\begin{aligned} &\max \alpha \\ &\text{s.t.}\,(X_0, \alpha Y_0) \in T_1 \end{aligned} \tag{4-4}$$

即

$$\begin{aligned} &\max \alpha \\ &\text{s.t.} \sum_{j \in J} \lambda_j X_j \leqslant X_0 \\ &-\sum_{j \in J} \lambda_j Y_j + \alpha Y \leqslant 0 \\ &\sum_{j \in J} \lambda_j = 1 \\ &\lambda \geqslant 0, j \in J \end{aligned}$$

表明，给定技术转移成本要素输入时要使输出量（沿 Y_0 方向）最大，因此问题 (F_1) 为基于技术转移成本要素输入的 C^2GS^2 模型。可以构造问题 (F_1) 的对偶问题 (Q_1)，若问题 (F_1) 的最优值为 α_0，则其对偶问题 (Q_1)

$$\begin{aligned} &\min(\omega^T X_0 + \beta) \\ &\text{s.t.}\,\omega^T X_j - \mu^T Y_j + \beta \geqslant 0, j \in J \\ &\mu^T Y_0 = 1 \\ &\omega \geqslant 0, \mu \geqslant 0 \end{aligned} \tag{4-5}$$

的最优值也是 α_0，其中 $\omega = (\omega_1, \cdots, \omega_m)^T$，$\mu = (\mu_1, \cdots, \mu_s)^T$。

根据的 DEA 有效性，当问题 (F_1) 与问题 (Q_1) 的最优值存在且为 1 时，(X_0, Y_0) 所对应的技术转移机构的 DMU（相对于 $\hat{T}$）为弱 DEA 有效 (C^2GS^2)；且当 ω 和 μ 的取值严格大于零，即 $\omega > 0$，$\mu > 0$ 时，(X_0, Y_0) 所对应的技术转移机构的 DMU（相对于 $\hat{T}$）为 DEA 有效 (C^2GS^2)。

2. 基于技术转移收入输出的 C^2GS^2 模型

同理，可以构造基于技术转移收入输出的 C^2GS^2 模型，问题 (D_1)

$$\min \theta \tag{4-6}$$
$$\text{s.t.}(\theta X_0, Y_0) \in T_1$$

即

$$\min \theta$$
$$\text{s.t.} -\sum_{j \in J} \lambda_j X_j + \theta X_0 \geqslant 0$$
$$\sum_{j \in J} \lambda_j Y_j \geqslant Y_0$$
$$-\sum_{j \in J} \lambda_j = -1$$
$$\lambda \geqslant 0, j \in J$$

表明，在给定技术转移收入输出量时要使技术转移成本要素输入量（沿 X_0 方向）最小，因此，问题 (D_1) 为基于技术转移收入输出的 C^2GS^2 模型。同样地，可以构造问题 (D_1) 的对偶问题，若问题 (D_1) 的最优值为 θ_0，则其对偶问题 (P_1)

$$\max(\mu^T Y_0 - \beta)$$
$$\text{s.t.} -\omega^T X_j + \mu^T Y_j - \beta \leqslant 0, j \in J \tag{4-7}$$
$$\omega^T X_0 = 1$$
$$\omega \geqslant 0, \mu \geqslant 0$$

的最优值也是 θ_0。当问题 (D_1) 与问题 (P_1) 的最优值存在且为 1 时，即 $\theta_0 = 1$ 时，(X_0, Y_0) 所对应的技术转移机构的 DMU（相对于 $\hat{T}$）为弱 DEA 有效 (C^2GS^2)；且当 ω 和 μ 的取值严格大于零，即 $\omega > 0$，$\mu > 0$ 时，(X_0, Y_0) 所对应的技术转移机构的 DMU（相对于 $\hat{T}$）为 DEA 有效 (C^2GS^2)。

4.2.3 对 C^2GS^2 模型的改进

多输入多输出下技术转移投入产出可能集 T_1，$(X_0, Y_0) \in T_1$ 等价于

$$S^- = X_0 - \sum_{j \in J} \lambda_j X_j \geqslant 0, S^+ = \sum_{j \in J} \lambda_j Y_j - Y_0 \geqslant 0$$

$$\sum_{j \in J} \lambda_j = 1, \lambda_j \geq 0, j \in J$$

其中，$S^- = (s_1^-, \cdots, s_m^-)^T$，$S^+ = (s_1^+, \cdots, s_s^+)^T$。

根据上述的 C^2GS^2 模型问题 (F_1) 与问题 (Q_1)、问题 (D_1) 与问题 (P_1)，可以构造一个新的 C^2GS^2 模型使得下列条件 (C_1)

$$\omega_0^T X_0 - \mu_0^T Y_0 + \beta_0 = 0$$

$$\omega_0^T X_j - \mu_0^T Y_j + \beta_0 \geq 0, j \in J$$

$$\omega_0 > 0, \mu_0 > 0$$

成立。即若问题 (S_1)

$$\min(\omega^T X_0 - \mu^T Y_0 + \beta)$$

$$\text{s.t.} \omega^T X_j - \mu^T Y_j + \beta \geq 0, j \in J \qquad (4\text{-}8)$$

$$\omega \geq \hat{e}, \mu \geq e$$

的最优值为零，其中 $\hat{e}$、e 分别为 $(1, \cdots, 1)^T$ 型的 m 维、s 维向量。

因为问题 (S_1) 的最优解 ω_0、μ_0、β_0 还满足约束 $\omega_0 \geq \hat{e} > 0$，$\mu_0 \geq e > 0$，因此可使得条件 (C_1) 成立，即技术转移活动 (X_0, Y_0) 所对立的 DMU 为 DEA 有效 (C^2GS^2) 或技术有效。

同样地，可以构造问题 (S_1) 的对偶问题 (G_1)

$$\max(\hat{e}^T S^- + e^T S^+)$$

$$\text{s.t.} \sum_{j \in J} \lambda_j X_j + S^- = X_0$$

$$-\sum_{j \in J} \lambda_j Y_j + S^+ = -Y_0 \qquad (4\text{-}9)$$

$$\sum_{j \in J} \lambda_j = 1$$

$$S^- \geq 0, S^+ \geq 0, \lambda_j \geq 0, j \in J$$

若问题 (S_1) 的最优值为零，则其对偶问题 (G_1) 的最优值 $V_1 = 0$。

4.2.4 技术转移的 DEA 前沿面及其上的投影

技术转移活动 $(X_0, Y_0) \in T_1$ 对应技术转移机构或部门 DMU_0。若 (X_0, Y_0) 相对于投入产出可能集 T_1 为弱 DEA 有效 (C^2GS^2)，则基于技术转移成本要素输入的 C^2GS^2 模型问题 (F_1) 与问题 (Q_1) 的最优值 $\alpha = 1$；基于技术转移收入输出的 C^2GS^2 模型问题 (D_1) 与问题 (P_1) 的最优值 $\theta = 1$。因此，存在向量 ω_0、μ_0 及数 β_0 使得下列条件 (B_1)

$$\omega_o^T X_0 - \mu_0^T Y_0 + \beta_0 = 0$$

$$\omega_o^T X_j - \mu_0^T Y_j + \beta_0 \geqslant 0, j \in J$$

$$\omega_0 \geqslant 0, \mu_0 \geqslant 0, \omega_o^T X_0 > 0 或 \mu_0^T Y_0 > 0$$

成立。

　　同样地，若技术转移活动 (X_0, Y_0) 相对于 T_1 为 DEA 有效 (C^2GS^2)，则改进的 C^2GS^2 加性模型问题 (S_1) 和问题 (G_1) 的最优值为零。因此，存在向量 ω_0、μ_0 及数 β_0 使得下列条件 (C_1)

$$\omega_o^T X_0 - \mu_0^T Y_0 + \beta_0 = 0$$

$$\omega_o^T X_j - \mu_0^T Y_j + \beta_0 \geqslant 0, j \in J$$

$$\omega_0 > 0, \mu_0 > 0$$

成立。

　　因此，可以构造超平面 $L: \omega_o^T X_0 - \mu_0^T Y_0 + \beta_0 = 0$ 为 T_1 的支撑超平面，$L \cap T_1$ 为 T_1 的 DEA 前沿面。可以看出，在技术转移 DEA 前沿面上的点技术转移活动 (X_0, Y_0) 对应的技术转移机构或部门单位 DMU_0，在技术转移成本要素输入水平一定的情况下，其技术转移收入输出量最大，在技术转移收入输出水平一定的情况下，其技术转移成本要素输入量最小。因此，DMU_0 相对于投入产出可能集 T_1 中的 DMU_j 来说是 DEA 有效的。同样地，对非 DEA 有效的 DMU_j 来说，可以依靠相应减少技术转移成本要素收入量或相应增加技术转移收入输出量的办法，使其技术转移活动 (X_j, Y_j) 变为 DEA 有效。对基于技术转移成本要素输入的 C^2GS^2 模型问题 (F_1) 与问题 (Q_1) 来说，将技术转移活动 (X_j, Y_j) 增加技术转移收入输出量达到 αY_j，使得 DMU_j 的技术转移活动变为 $(X_j, \alpha Y_j)$；基于技术转移收入输出的 C^2GS^2 模型问题 (D_1) 与问题 (P_1) 来说，就是将技术转移活动 (X_j, Y_j) 的技术转移成本要素输入量减少到 θX_j，使得 DMU_j 的技术转移活动变为 $(\theta X_j, Y_j)$。更一般地，若同时减少技术转移活动 (X_j, Y_j) 的技术转移成本要素输入量，增加技术转移收入输出量，使得技术转移活动变为 $(\hat{X}_j, \hat{Y}_j)$，也可以达到 DEA 有效。点 $(\hat{X}_j, \hat{Y}_j)$ 即为技术转移活动 (X_j, Y_j) 在技术转移 DEA 前沿面上的投影。

　　对问题 (F_1)、(Q_1) 和问题 (D_1)、(P_1)，若 $(X_0, Y_0) \in T_1$，且 $X_j \geqslant 0$，$Y_j \geqslant 0$，则问题 (F_1) 必存在最优解且最优值 $\alpha_0 \geqslant 1$，问题 (D_1) 必存在最优解且最优值 $0 < \theta \leqslant 1$。因此可以在问题 (F_1) 中增加约束，将其约束化为等式约束，令

$$S^- = X_0 - \sum_{j \in J} \lambda_j X_j \geqslant 0, S^+ = \sum_{j \in J} \lambda_j Y_j - \alpha Y_0 \geqslant 0$$

则问题 (F_1) 即

$$\max \alpha$$

$$\text{s.t.} S^- + \sum_{j \in J} \lambda_j X_j = X_0$$

$$-\sum_{j \in J} \lambda_j Y_j + \alpha Y_0 + S^+ = 0$$

$$\sum_{j \in J} \lambda_j = 1$$

$$S^- \geqslant 0, S^+ \geqslant 0, \lambda_j \geqslant 0, j \in J$$

同样地,可以在问题(D_1)中增加约束,将其约束化为等式约束,令

$$S^- = \theta X_0 - \sum_{j \in J} \lambda_j X_j \geqslant 0, \quad S^+ = \sum_{j \in J} \lambda_j Y_j - Y_0 \geqslant 0$$

则问题(D_1)即

$$\min \theta$$

$$\text{s.t.} -\sum_{j \in J} \lambda_j X_j + \theta X_0 - S^- = 0$$

$$\sum_{j \in J} \lambda_j Y_j - S^+ = Y_0$$

$$-\sum_{j \in J} \lambda_j = -1$$

$$S^- \geqslant 0, S^+ \geqslant 0, \lambda_j \geqslant 0, j \in J$$

对具有等式约束的问题(F_1)或(D_1),其最优解对应的单纯形表(π)中的检验数都非负,则问题(Q_1)或(P_1)有最优解,设为ω_0、μ_0、β_0,则ω_0、μ_0的分量分别为表(π)中S^-、S^+分量的检验数;表(π)中λ_j的检验数$t_j = \omega_0^T X_0 - \mu_0^T Y_0 + \beta_0$。设

$$J_0 = \left\{ j \mid 表(\pi)中\lambda_j的检验数为0 \right\}$$

则J_0非空,$j \in J_0$时,$t_j = \omega_0^T X_j - \mu_0^T Y_j + \beta_0$,若$Y_j > 0$,则$\mathrm{DMU}_j$为弱 DEA 有效($\mathrm{C^2GS^2}$)。超平面$L: \omega_0^T X - \mu_0^T Y + \beta_0 = 0$为$T_1$的一个支撑超平面。

任给$\lambda_j \geqslant 0 (j \in J_0)$且$\sum_{j \in J} \lambda_j = 1$,设$\hat{X} = \sum_{j \in J_0} \lambda_j X_j$,$\hat{Y} = \sum_{j \in J_0} \lambda_j Y_j$,则$(\hat{X}, \hat{Y})$对应的DMU 为弱 DEA 有效($\mathrm{C^2GS^2}$),$(\hat{X}, \hat{Y}) \in L \cap T_1$,$(\hat{X}, \hat{Y})$为$(X, Y)$在 DEA 前沿面上的投影。

同样地,对改进的$\mathrm{C^2GS^2}$加性模型问题(S_1)和问题(G_1)也可以做如上分析:若问题(G_1)有最优解,其对应的单纯形表(π)中的检验数都非负,则问题(S_1)有最优解,设为ω_0、μ_0、β_0,则ω_0、μ_0的分量分别为表(π)中S^-、S^+分量的检验数加 1(故有$\omega_0 > 0$、$\mu_0 > 0$)。同理,可以做(X, Y)在 DEA 前沿面上的投影$(\hat{X}, \hat{Y})$。

若技术转移机构或部门单位DMU_0组织的技术转移活动$(X_0, Y_0) \in T_1$,问题(G_1)有最优值$V_1 > 0$,且问题(S_1)的最优解为ω_0、μ_0、β_0。若$Y_0 \geqslant 0$,即

$\mu_0^{\mathrm{T}} Y_0 = d > 0$，可以将 Y_0 改进为 $\hat{Y}_0 = (1 + V_1 / d) Y_0$，则 DMU_0 改为对应 $(X_0, \hat{Y}_0)$ 后相对于 [增加 $(X_0, \hat{Y}_0)$ 对应的 DMU 后] $n+1$ 个技术转移机构或部门单位来说为 DEA 有效 ($\mathrm{C}^2\mathrm{GS}^2$)。同理，若 $X_0 \geqslant 0$，即 $\omega_0^{\mathrm{T}} X_0 = c > 0$，若 $1 - V_1 / c > 0$，$\hat{X}_0 = (1 - V_1 / c) X_0$，则 DMU_0 改为对应 $(\hat{X}_0, Y_0)$ 后相对于 [增加 $(\hat{X}_0, Y_0)$ 对应的 DMU 后的] $n+1$ 个技术转移机构或部门来说为技术转移服务效率的 DEA 有效 ($\mathrm{C}^2\mathrm{GS}^2$)。

因此，改进的 $\mathrm{C}^2\mathrm{GS}^2$ 加性模型问题 (S_1) 和问题 (G_1) 可以为技术转移机构或部门在下一期改进技术转移服务效率、降低技术转移成本、提高技术转移收入提供有益的借鉴。

4.2.5　技术转移服务的狭义技术进步率

考虑技术转移活动在第 t 期有 n_t 个技术转移机构或部门单位，其中 DMU_j 有 m 维技术转移成本因素输入向量 $X_j^t > 0$，s 维技术转移收入输出向量 $Y_j^t > 0$，$j \in J_t = \{1, \cdots, n_t\}$。于是有技术转移活动投入产出可能集

$$T_1^t = \left\{ (X, Y) \,\middle|\, X \geqslant \sum_{j \in J_t} \lambda_j X_j^t, Y \leqslant \sum_{j \in J_t} \lambda_j Y_j^t, \sum_{j \in J_t} \lambda_j = 1, \lambda_j \geqslant 0, j \in J_t \right\}$$

给定 t，任给 $X_0 \in T_{1X}^t$ 及 $Y_0 > 0$，可知问题 (F_1^t)

$$\begin{aligned} &\max \alpha \\ &\mathrm{s.t.} (X_0, \alpha Y_0) \in T_1^t \end{aligned} \tag{4-10}$$

即

$$\begin{aligned} &\max \alpha \\ &\mathrm{s.t.} \sum_{j \in J_t} \lambda_j X_j^t \leqslant X_0 \\ &\qquad \sum_{j \in J_t} \lambda_j Y_j^t \geqslant \alpha Y_0 \\ &\qquad \sum_{j \in J_t} \lambda_j = 1 \\ &\qquad \lambda_j \geqslant 0, j \in J_t \end{aligned}$$

有最优值 $\alpha_0 > 0$，且技术转移活动 $(X_0, \alpha_0 Y_0)$ 对应的技术转移机构或部门单位 DMU 为弱 DEA 有效 ($\mathrm{C}^2\mathrm{GS}^2$)。于是，若给定 t，任给 $X_0 \in T_{1X}^t$ 及 $Y_0 > 0$，在 T_{1X}^t 内 Y_0 方向上有最大技术转移收入输出量 $\alpha_0 Y_0$ 与它相对应，这就确定了一个有 s 维技术转移收入输出的边界投入产出函数 $Y = F(X, t)$，对应有其图像即上包络面 C_t，且 $(X_0, \alpha_0 Y_0)$ 位于此包络面上，即 $\alpha_0 Y_0 = F(X_0, t)$。特别当 $\alpha_0 = 1$ 时，技术转移活动 (X_0, Y_0) 对应的技术转移机构或部门单位 DMU_0 为弱 DEA 有效 ($\mathrm{C}^2\mathrm{GS}^2$)，$(X_0, Y_0)$

位于包络面 C_t 上。

若在基年 $t=0$ 时 DMU_k 为弱 DEA 有效（C^2GS^2），则 (X_k^0, Y_k^0) 位于技术转移边界投入产出函数 $Y=F(X,0)$ 的图像 C_0 上，即有

$$Y_k^0 = F(X_k^0, 0)$$

根据定义，狭义技术进步率即在输入保持不变下投入产出函数的相对变化率，因此狭义技术进步率 $a = \dfrac{\partial f}{\partial t} \div f$，可以求 DMU_k 从 $t=0$ 到 $t=\tau$ 的狭义技术进步率 a_k。

在 X 保持为 X_k^0 的情况下，有

$$\frac{\partial F}{\partial t} = a_k F$$

以离散形式表示，从第 t 期到 $t+1$ 期有

$$F(X_k^0, t+1) - F(X_k^0, t) = a_k F(X_k^0, t)$$

即

$$F(X_k^0, t+1) = F(X_k^0, t)(1+a_k)$$

故从 $t=0$ 到 $t=\tau$，$F(X_k^0,0)$，$F(X_k^0,1)$，$\cdots$，$F(X_k^0,\tau)$ 为等比序列，将

$$F(X_k^0, \tau) = F(X_k^0, 0)(1+a_k)^\tau$$

代入技术转移的边界投入产出函数得

$$F(X_k^0, \tau) = Y_k^0(1+a_k)^\tau = \alpha_k Y_k^0$$

令 $(1+a_k)^\tau = \alpha_k$，即

$$a_k = \alpha_k^{1/\tau} - 1$$

这说明 $(X_k^0, \alpha_k Y_k^0)$ 在 $t=\tau$ 期的技术转移边界投入产出函数 $Y=F(X,\tau)$ 的图像 C_τ 上。如前所述，对 $X_0 \in T_{1X}^t$ 且 $Y_0 > 0$ 的 (X_0, Y_0)，若问题 (F_1^t) 有最优值 $\alpha_0 > 0$，则 $(X_0, \alpha_0 Y_0)$ 位于图像 C_t 上。因此，$(X_k^0, \alpha_k Y_k^0)$ 在图像 C_τ 上，α_k 应为问题 (F_1^τ)

$$\max \alpha$$
$$\text{s.t.} \sum_{j \in J_\tau} \lambda_j X_j^\tau \leqslant X_k^0$$
$$\sum_{j \in J_\tau} \lambda_j Y_j^\tau \geqslant \alpha Y_k^0$$
$$\sum_{j \in J_\tau} \lambda_j = 1$$
$$\lambda_j \geqslant 0, j \in J_\tau$$

的最优值。

于是，求 $t=0$ 到 $t=\tau$ 时期技术转移服务的狭义技术进步率 a_k 的测定值，其步骤如下。

第一步，在问题 (F_1^t) 中取 $t=0$，(X_0, Y_0) 依次取 (X_k^0, Y_k^0)，$k=1,\cdots,n_0$，分别求

其最优值，其中最优值为 1 的 k［即 $t=0$ 时 DMU_k 为弱 DEA 有效（C^2GS^2）］的全体记为 W_0。

第二步，设 $(X_0, Y_0) = (X_k^0, Y_k^0)$，$k \in W_0$，求问题 (F_1^τ) 的最优值，若存在设为 α_k，由 $a_k = \alpha_k^{1/\tau} - 1$ 即可求得 a_k，即为 DMU_k 从 $t=0$ 到 $t=\tau$ 时期技术转移的狭义技术进步率。

第三步，将 $k \in W_0$ 且对 (X_k^0, Y_k^0) 问题 (F_1^τ) 的最优值存在的 k 的全体记为 R，若这种 k 共有 h 个，则技术转移从 $t=0$ 到 $t=\tau$ 时期的狭义技术进步率测定值为

$$a_E = \sum_{k \in R} a_k \Big/ h$$

若 $X_k^0 \notin T_{1X}^\tau$，虽然 $(X_k^0, Y_k^0) > 0$，但在求解 (F_1^τ) 时有的无最优解，这时 (X_k^0, Y_k^0) 在 C_0 上，$(X_k^0, \alpha_k Y_k^0)$ 在 C_τ 上，单输入、单输出的情况见图 4-9。

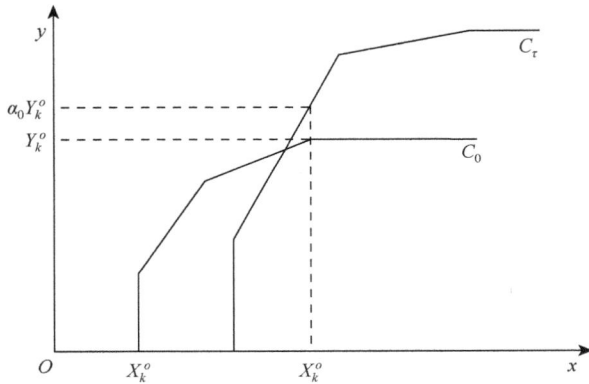

图 4-9　问题 (F_1^τ) 无最优解的单输入、单输出图示

这是因为有的位于 $t=0$ 的技术转移边界投入产出函数 C_0 上的点 (X_k^0, Y_k^0) 有 $X_k^0 < X_1^\tau$，即有 $X_k^0 \notin T_{1X}^\tau$。为解决这一问题，可以在第 t 期所给的 n_t 个技术转移机构或部门单位之外再增加一个具有 m 维输入向量 $X_0' = 0$，s 维输出向量 $Y_0' = 0$ 的 DMU，于是有投入产出可能集

$$(T_1^t)' = \left\{ (X, Y) \,\middle|\, X \geqslant \sum_{j=0}^{n_t} X_j^t \lambda_j, Y \leqslant \sum_{j=0}^{n_t} Y_j^t \lambda_j, \sum_{j=1}^{n_t} \lambda_j = 1, \lambda_j \geqslant 0, j = 0, 1, \cdots, n_t \right\}$$

由于 $X_0' = 0$，$Y_0' = 0$，所以

$$(T_1^t)' = \left\{ (X, Y) \,\middle|\, X \geqslant \sum_{j \in J_t} X_j^t \lambda_j, Y \leqslant \sum_{j \in J_t} Y_j^t \lambda_j, \lambda_0 + \sum_{j \in J_t} \lambda_j = 1, \lambda_0 \geqslant 0, \lambda_j \geqslant 0, j \in J_t \right\}$$

相应的，在前述步骤中将问题 (F_1^t) 改为 $(F_1^t)'$

$$\max \alpha$$

$$\text{s.t.} \sum_{j \in J_t} X_j^t \lambda_j \leqslant X_0$$

$$\sum_{j \in J_t} Y_j^t \lambda_j \geqslant \alpha Y_0 \tag{4-11}$$

$$\lambda_0 + \sum_{j \in J_t} \lambda_j = 1$$

$$\lambda_0 \geqslant 0, \lambda_j \geqslant 0, j \in J_t'$$

由于有 $(X_0^t, Y_0^t) = (0,0)$，若 $(X_0, Y_0) > 0$ 且 $(X_j^t, Y_j^t) > 0$，$j \in J_t$，$t = 0, 1, \cdots, \tau$，则问题 $(F_1^t)'$ 必有最优值 $\alpha_0 > 0$，且 $(X_0, \alpha_0 Y_0)$ 对应的 DMU 为弱 DEA 有效 $(\mathrm{C^2GS^2})$。

4.3　技术转移服务效率的 $\mathrm{CR^2}$ 模型及其改进

4.3.1　DEA 有效 $\mathrm{C^2GS^2}$ 与 $\mathrm{CR^2}$

已知有 n 个技术转移机构或部门单位决策单元，其中 DMU_j 对应的技术转移活动为 (X_j, Y_j)，$j \in J = \{1, \cdots, n\}$。因此，有参考集

$$\hat{T} = \{(X_1, Y_1), \cdots, (X_n, Y_n)\}$$

和技术转移的投入产出集

$$T_1 = \left\{(X, Y) \middle| X \geqslant \sum_{j \in J} \lambda_j X_j, Y \leqslant \sum_{j \in J} \lambda_j Y_j, \sum_{j \in J} \lambda_j = 1, \lambda_j \geqslant 0, j \in J \right\}$$

若技术转移活动 $(X_0, Y_0) \in T_1$ 对应技术转移机构或部门 DMU_0，则 DMU_0 为弱 DEA 有效 $(\mathrm{C^2GS^2})$ 的充要条件为存在向量 ω_0、μ_0 及数 β_0 使得下列条件 (B_1)

$$\omega_0^{\mathrm{T}} X_0 - \mu_0^{\mathrm{T}} Y_0 + \beta_0 = 0$$

$$\omega_0^{\mathrm{T}} X_j - \mu_0^{\mathrm{T}} Y_j + \beta_0 \geqslant 0, j \in J$$

$$\omega_0 \geqslant 0, \mu_0 \geqslant 0, \omega_0^{\mathrm{T}} X_0 > 0 \text{或} \mu_0^{\mathrm{T}} Y_0 > 0$$

成立。超平面 $L: \omega_0^{\mathrm{T}} X - \mu_0^{\mathrm{T}} Y + \beta_0 = 0$ 为技术转移投入产出可能集 T_1 的支撑超平面。

与单输入、单输出类似，可以根据 β_0 是否为零将弱 DEA 有效 $(\mathrm{C^2GS^2})$ 的技术转移机构或部门 DMU 分为两类。当 $\beta_0 = 0$ 时，条件 (B_1) 就成为下列条件 (B_0)

$$\omega_0^{\mathrm{T}} X_0 - \mu_0^{\mathrm{T}} Y_0 = 0$$

$$\omega_0^{\mathrm{T}} X_j - \mu_0^{\mathrm{T}} Y_j \geqslant 0, j \in J$$

$$\omega_0 \geqslant 0, \mu_0 \geqslant 0, \omega_0^{\mathrm{T}} X_0 > 0 \text{或} \mu_0^{\mathrm{T}} Y_0 > 0$$

则 DMU_0 为弱 DEA 有效 $(\mathrm{CR^2})$。

可见，条件 (B_0) 为条件 (B_1) 中 $\beta_0 = 0$ 时的特殊情况，因此，若技术转移活动 $(X_0, Y_0) \in T_1$，其所对应的技术转移机构决策单元 DMU_0 为弱 DEA 有效 (CR^2) 必为弱 DEA 有效 (C^2GS^2)。

4.3.2　技术转移服务效率的 CR^2 模型及其锥性

若技术转移活动 $(X_0, Y_0) \in T_1$，其所对应的技术转移机构 DMU_0 为弱 DEA 有效 (CR^2)，即存在向量 ω_0、μ_0 使得条件 (B_0) 成立，则可以构造基于技术转移成本要素输入的 CR^2 模型问题 (F_0)

$$
\begin{aligned}
&\max \alpha \\
&\text{s.t.} \sum_{j \in J} \lambda_j X_j \leqslant X_0 \\
&-\sum_{j \in J} \lambda_j Y_j + \alpha Y \leqslant 0 \\
&\lambda_j \geqslant 0, j \in J
\end{aligned}
\tag{4-12}
$$

及其对偶问题 (Q_0)

$$
\begin{aligned}
&\min \omega^T X_0 \\
&\text{s.t.} \omega^T X_j - \mu^T Y_j \geqslant 0, j \in J \\
&\mu^T Y_0 = 1 \\
&\omega \geqslant 0, \mu \geqslant 0
\end{aligned}
\tag{4-13}
$$

的最优值为 1。

同样也可以构造基于技术转移收入输出的 CR^2 模型问题 (D_0)

$$
\begin{aligned}
&\min \theta \\
&\text{s.t.} -\sum_{j \in J} \lambda_j X_j + \theta X_0 \geqslant 0 \\
&\sum_{j \in J} \lambda_j Y_j \geqslant Y_0 \\
&\lambda_j \geqslant 0, j \in J
\end{aligned}
\tag{4-14}
$$

及其对偶问题 (P_0)

$$
\begin{aligned}
&\max \mu^T Y_0 \\
&\text{s.t.} -\omega^T X_j + \mu^T Y_j \leqslant 0, j \in J \\
&\omega^T X_0 = 1 \\
&\omega \geqslant 0, \mu \geqslant 0
\end{aligned}
\tag{4-15}
$$

的最优值为 1。

可见，问题 (Q_0)、(P_0) 与问题 (Q_1)、(P_1) 相比少了 β，而问题 (F_0)、(D_0) 与

问题 (F_1) 、 (D_1) 相比少了 $\sum_{j \in J} \lambda_j = 1$ 。

因此，可以构造 CR^2 模型的投入产出可能集，当问题 (F_0) 或 (D_0) 的最优值为 1 时，设最优解中 $\lambda_j = \lambda_j^0 (j \in J)$ ，则由约束可知

$$X_0 \geqslant \sum_{j \in J} \lambda_j^0 X_j, Y_0 \leqslant \sum_{j \in J} \lambda_j^0 Y_j, \lambda_j^0 \geqslant 0, j \in J$$

可以构造 CR^2 模型的投入产出可能集

$$T_0 = \left\{ (X,Y) \middle| X \geqslant \sum_{j \in J} \lambda_j X_j, Y \leqslant \sum_{j \in J} \lambda_j Y_j, \lambda_j \geqslant 0, j \in J \right\}$$

则当问题 (F_0) 或 (D_0) 的最优值为 1 时 $(X_0,Y_0) \in T_0$ 。

若 $(X_0,Y_0) \in T_0$ ，即有 $\lambda_j \geqslant 0(j \in J)$ 使得

$$X_0 \geqslant \sum_{j \in J} \lambda_j X_j, Y_0 \leqslant \sum_{j \in J} \lambda_j Y_j$$

若还有 $a > 0$ ，则有 $a\lambda_j \geqslant 0(j \in J)$ 使得

$$aX_0 \geqslant \sum_{j \in J} (a\lambda_j)X_j, aY_0 \leqslant \sum_{j \in J} (a\lambda_j)Y_j$$

也就是 $(aX_0,aY_0) \in T_0$ ，可见技术转移的 CR^2 模型具有锥性， CR^2 模型的投入产出可能集 T_0 与 C^2GS^2 模型的投入产出集 T_1 相比多了锥性。

由于 T_0 与 T_1 相比在条件中少了 $\sum_{j \in J} \lambda_j = 1$ 这一项，若技术转移服务活动 $(X_0,Y_0) \in T_1$ 则 $(X_0,Y_0) \in T_0$ ，即有 $T_1 \subseteq T_0$ 。

在单输入单输出情况下， T_0 的图像如图 4-10 所示。 T_0 的图像为由 x 轴与过原点、

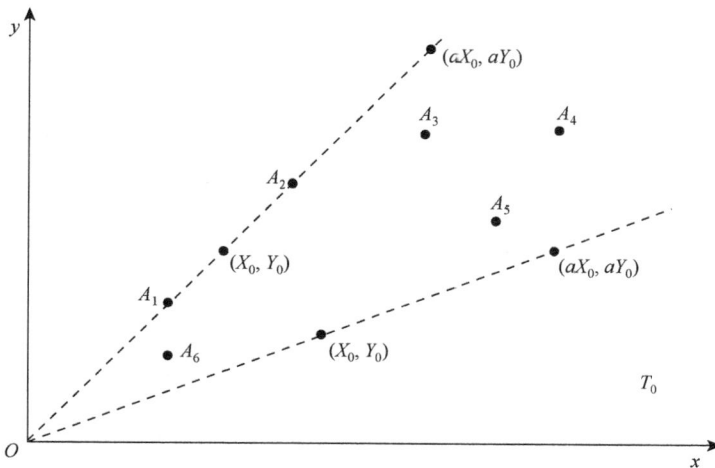

图 4-10　CR^2 模型的投入产出集 T_0 示意图

A_1、A_2 的半射线所夹的锐角。若对技术转移活动 $(X_0, Y_0) \in T_1 \subseteq T_0$ 存在 ω_0、μ_0 使得条件 (B_0) 成立，即图 4-10 中的点 (X_0, Y_0) 位于线段 $A_1 A_2$ 上，由于 T_0 具有锥性，当 $a > 0$ 时，$(aX_0, aY_0) \in T_0$，则对 (aX_0, aY_0) 也存在 ω_0、μ_0 使得条件 (B_0) 成立，即图 4-10 中 (aX_0, aY_0) 位于过原点 O 与 A_1 的半射线上。

可以写出此半射线的方程为

$$\omega_0 x - \mu_0 y = 0$$

(B_0) 中的第一式为

$$\omega_0^T (aX_0) - \mu_0^T (aY_0) = 0$$

4.3.3 技术转移最优效率评价指数

给定技术转移活动 $(X_0, Y_0) \in T_0$，若存在向量 ω_0、μ_0 使得条件 (B_0) 成立，则其对应的技术转移机构或部门单位 DMU_0（相对于 $\hat{T}$ 来说）为弱 DEA 有效 (CR^2)，其对应的点在 T_0 的支撑超平面 $L : \omega_0^T X - \mu_0^T Y = 0$ 上。

若 $\omega_0^T X > 0 (j \in J)$，$CR^2$ 模型问题 (P_0) 可写为

$$\max \mu^T Y_0 = (\mu^T Y_0) / (\omega^T X_0)$$
$$\text{s.t.} (\mu^T Y_j) / (\omega^T X_j) \leqslant 1, j \in J$$
$$\omega^T X_0 = 1$$
$$\omega \geqslant 0, \mu \geqslant 0$$

其中，$\omega = (\omega_1, \cdots, \omega_m)^T$，$\mu = (\mu_1, \cdots, \mu_s)^T$，$X_j = (x_{1j}, \cdots, x_{mj})^T$，$Y_j = (y_{1j}, \cdots, y_{sj})^T$，于是有 $\omega^T X_j = \sum_{k=1}^{m} \omega_k x_{kj}$，其中 ω_k 为第 k 项技术转移成本因素输入的权重，则 $\omega^T X_j$ 为技术转移机构或部门单位决策单元 DMU_j 的技术转移成本因素综合输入；同样，对技术转移收入输出有 $\mu^T Y_j = \sum_{k=1}^{m} \mu_k y_{kj}$，其中 μ_k 为第 k 项技术转移收入输出的权重，则 $\mu^T Y_j$ 为技术转移机构或部门单位决策单元 DMU_j 的技术转移收入综合输出。DMU_j 的技术转移综合效率评价指数可以表示为 $(\mu^T Y_j) / (\omega^T X_j)$。

设 CR^2 模型问题 (P_0) 的最优解为 ω_0、μ_0，则其最优值为 $(\mu_0^T Y_0) / (\omega_0^T X_0)$。若其对偶问题 (D_0) 的最优值为 θ_0，则 $\theta_0 = (\mu_0^T Y_0) / (\omega_0^T X_0)$ 即它为所对应的技术转移活动 (X_0, Y_0) 的 DMU_0 的技术转移最优效率评价指数。在技术转移的评价中，可以用它来评价 DMU_0（相对于其他技术转移机构或部门单位组成的参考集 $\hat{T}$）的技术转移服务效率。

若技术转移机构决策单元 DMU_0 为若 DEA 有效 (CR^2)，即 DMU_0 的技术转移

最优效率评价指数为 1，当 CR^2 模型问题 (P_0) 的最优解为 ω_0、μ_0 时，有

$$(\mu_0^{\mathrm{T}} Y_0)/(\omega_0^{\mathrm{T}} X_0) = 1 \geqslant (\mu_0^{\mathrm{T}} Y_j)/(\omega_0^{\mathrm{T}} X_j), j \in J$$

即存在 ω_0、μ_0 使得 $DMU_j(j \in T)$ 的技术转移服务效率评价指数都不大于 DMU_0 的技术转移服务效率评价指数 1。

为了便于求解，可以将 CR^2 模型问题 (F_0) 写为

$$\max \alpha$$
$$\text{s.t.} \sum_{j \in J} \lambda_j X_j + S^- = X_0$$
$$-\sum_{j \in J} \lambda_j Y_j + \alpha Y_0 + S^+ = 0$$
$$S^- \geqslant 0, S^+ \geqslant 0, \lambda_j \geqslant 0, j \in J$$

将 CR^2 模型问题 (D_0) 写为

$$\min \theta$$
$$\text{s.t.} \sum_{j \in J} \lambda_j X_j - \theta X_0 + S^- = 0$$
$$-\sum_{j \in J} \lambda_j Y_j + S^+ = -Y_0$$
$$\lambda_j \geqslant 0, j \in J, S^- \geqslant 0, S^+ \geqslant 0$$

对技术转移活动 $(X_0, Y_0) \in T_0$ 对应 DMU_0，$Y_0 \geqslant 0$，X_j 的第 i_0 个分量都正 $(j \in J)$，问题 (F_0) 或 (D_0) 的最优解对应的单纯形表 (π) 中的检验数都非负，则问题 (Q_0) 或 (P_0) 有最优解，设为 ω_0、μ_0，则 ω_0、μ_0 的分量分别为表 (π) 中 S^-、S^+ 分量的检验数；表 (π) 中 λ_j 的检验数 $t_j = \omega_0^{\mathrm{T}} X_j - \mu_0^{\mathrm{T}} Y_j$。设

$$J_0 = \left\{ j \middle| 表 (\pi) 中 \lambda_j 的检验数为零 \right\}$$

则 J_0 非空，$j \in J_0$ 时，$t_j = \omega_0^{\mathrm{T}} X_j - \mu_0^{\mathrm{T}} Y_j = 0$，若 $Y_j > 0$，则 DMU_j 为弱 DEA 有效 (CR^2)。超平面 $L: \omega_0^{\mathrm{T}} X - \mu_0^{\mathrm{T}} Y = 0$ 为 T_0 的一个支撑超平面。

任给 $\lambda_j \geqslant 0 (j \in J_0)$，设 $\hat{X} = \sum_{j \in J_0} \lambda_j X_j$，$\hat{Y} = \sum_{j \in J_0} \lambda_j Y_j$，则 $(\hat{X}, \hat{Y})$ 对应的 DMU 为弱 DEA 有效 (CR^2)，$(\hat{X}, \hat{Y}) \in L \cap T_0$，$(\hat{X}, \hat{Y})$ 为 (X, Y) 在 DEA 前沿面上的投影。

若问题 (F_0) 的最优值为 α_0，则 $(X_0, \alpha_0 Y_0) \in L \cap T_0$，它对应的 DMU 为弱 DEA 有效 (CR^2)；若问题 (D_0) 的最优值为 θ_0，则 $(\theta_0 X_0, Y_0) \in L \cap T_0$，它对应的 DMU 为弱 DEA 有效 (CR^2)。这就为技术转移机构或部门单位改善技术转移服务效率提供了借鉴。

4.3.4　对 CR^2 模型的改进

1. CR^2 加性模型

关于多输入多输出下技术转移投入产出可能集 T_0，$(X_0, Y_0) \in T_0$，若技术转移活动 (X_0, Y_0) 所对应的技术转移机构 DMU_0 相对于全体技术转移机构组成的参考集 $\hat{T}$ 来说为弱 DEA 有效 (CR^2)，可将弱 DEA 有效 (CR^2) 的 DMU 全体根据 ω_0、μ_0 是否严格大于零来进行分类，使得下列条件 (C_0)

$$\omega_0^{\mathrm{T}} X_0 - \mu_0^{\mathrm{T}} Y_0 = 0$$
$$\omega_0^{\mathrm{T}} X_j - \mu_0^{\mathrm{T}} Y_j \geqslant 0, j \in J$$
$$\omega_0 > 0, \mu_0 > 0$$

成立。即 CR^2 加性模型问题 (S_0)

$$\min(\omega^{\mathrm{T}} X_0 - \mu^{\mathrm{T}} Y_0)$$
$$\mathrm{s.t.} \omega^{\mathrm{T}} X_j - \mu^{\mathrm{T}} Y_j \geqslant 0, j \in J \qquad (4\text{-}16)$$
$$\omega \geqslant \hat{e}, \mu \geqslant e$$

的最优值为零。因为问题 (S_0) 的最优解 ω_0、μ_0 还满足约束 $\omega_0 \geqslant \hat{e} > 0$，$\mu_0 \geqslant e > 0$，因此可使得条件 (C_0) 成立，即技术转移活动 (X_0, Y_0) 所对应的 DMU 为 DEA 有效 (CR^2)。同样地，可以构造问题 (S_0) 的对偶问题 (G_0)

$$\max f = \hat{e}^{\mathrm{T}} S^- + e^{\mathrm{T}} S^+$$
$$\mathrm{s.t.} \sum_{j \in J} \lambda_j X_j + S^- = X_0$$
$$-\sum_{j \in J} \lambda_j Y_j + S^+ = -Y_0 \qquad (4\text{-}17)$$
$$S^- \geqslant 0, S^+ \geqslant 0, \lambda_j \geqslant 0, j \in J$$

若问题 (S_0) 的最优值为零，即技术转移活动 (X_0, Y_0) 所对应的 DMU_0 为 DEA 有效 (CR^2)，则其对偶问题 (G_0) 的最优值 $V_1 = 0$。

对技术转移机构或部门单位 DMU_0 组织的技术转移活动 $(X_0, Y_0) \in T_0$，问题 (G_0) 有最优值 $V_0 > 0$，且问题 (S_0) 的最优解为 ω_0、μ_0。若 $Y_0 \geqslant 0$，即 $\mu_0^{\mathrm{T}} Y_0 = d > 0$，可以将 Y_0 改进为 $\hat{Y}_0 = (1 + V_0 / d) Y_0 = (\omega_0^{\mathrm{T}} X_0 / d) Y_0$，则 DMU_0 改为对应 $(X_0, \hat{Y}_0)$ 后相对于 [增加 $(X_0, \hat{Y}_0)$ 对应的 DMU 后] $n + 1$ 个技术转移机构或部门单位来说为 DEA 有效 (CR^2)。同理，若 $X_0 \geqslant 0$，即 $\omega_0^{\mathrm{T}} X_0 = c > 0$，若 $1 - V_1 / c > 0$，$\hat{X}_0 = (1 - V_1 / c) X_0 = (d / c) X_0$，则 DMU_0 改为对应 $(\hat{X}_0, Y_0)$ 后相对于 [增加 $(\hat{X}_0, Y_0)$ 对应的 DMU 后] $n + 1$ 个技术转移机构或部门单位来说为 DEA 有效 (CR^2)。

若问题 (G_0) 有最优解 $\lambda_j^0 (j \in J)$，S^{0-}，S^{0+}，设

$$\hat{X}_0 = \sum_{j \in J} X_j \lambda_j^0 = X_0 - S^{0-}, \quad \hat{Y}_0 = \sum_{j \in J} Y_j \lambda_j^0 = Y_0 + S^{0+}$$

可得，$(\hat{X}_0, \hat{Y}_0)$ 对应的 DMU 相对于 $\hat{T}$ 来说为 DEA 有效（CR^2）。

$\hat{X}_0, \hat{Y}_0$ 其分量形式为

$$\hat{x}_{i0} = \sum_{j \in J} x_{ij} \lambda_j^0 = x_{i0} - s_i^{0-}, \quad \hat{y}_{r0} = \sum_{j \in J} y_{rj} \lambda_j^0 = y_{r0} + s_r^{0+}$$

由此可得 CR^2 加性模型问题 (G_0) 的分量形式模型

$$\max f = \sum_{i=1}^m s_i^- + \sum_{i=1}^s s_i^+$$

$$\text{s.t.} \sum_{j \in J} x_{ij} \lambda_j = x_{i0} - s_i^{0-}, s_i^{0-} \geqslant 0, i = 1, \cdots, m$$

$$\sum_{j \in J} y_{rj} \lambda_j = y_{r0} + s_r^{0+}, s_r^{0+} \geqslant 0, r = 1, \cdots, s$$

$$\lambda_j \geqslant 0, j \in J$$

若 (X_0, Y_0) 所对应的 DMU_0 为 DEA 有效（CR^2），则问题 (G_0) 的分量形式模型最优值 $V_0 = 0$。

在问题 (G_0) 中设

$$x_{i0} - s_i^- = \theta_i x_{i0}, \quad \text{即} \ s_i^- = (1 - \theta_i) x_{i0}, i = 1, \cdots, m$$

$$y_{r0} + s_r^+ = \delta_r y_{r0}, \quad \text{即} \ s_r^+ = (\delta_r - 1) y_{r0}, r = 1, \cdots, s$$

则有 $s_0^- \geqslant 0$ 等价于 $\theta_i \leqslant 1$，$s_r^+ \geqslant 0$ 等价于 $\delta_r \geqslant 1$，可构造问题 $(\bar{G}_0)$

$$\max f = \sum_{i=1}^m (1 - \theta_i) x_{i0} + \sum_{r=1}^s (\delta_r - 1) y_{r0}$$

$$\text{s.t.} \sum_{j \in J} x_{ij} \lambda_j = \theta_i x_{i0}, \theta_i \leqslant 1, i = 1, \cdots, m$$

$$\sum_{j \in J} y_{rj} \lambda_j = \delta_r y_{r0}, \delta_r \geqslant 1, r = 1, \cdots, s$$

$$\lambda_j \geqslant 0, j \in J$$

若 $(X_0, Y_0) \in T_0$ 对应 DMU_0，$X_0 > 0$、$Y_0 > 0$，且问题 $(\bar{G}_0)$ 有最优解 $\lambda_j^0 (j \in J)$，$\theta_i^0 (i = 1, \cdots, m)$，$\delta_r^0 (r = 1, \cdots, s)$，设

$$\hat{x}_{i0} = \sum_{j \in J} x_{ij} \lambda_j^0 = \theta_i^0 x_{i0}, i = 1, \cdots, m$$

$$\hat{y}_{r0} = \sum_{j \in J} y_{rj} \lambda_j^0 = \delta_r^0 y_{r0}, r = 1, \cdots, s$$

则 (X_0, Y_0) 在 DEA 相对有效面上的投影 $(\hat{X}_0, \hat{Y}_0)$ 对应的 DMU 为 DEA 有效（CR^2）。

可见，$\theta_i^0 = \hat{x}_{i0} / x_{i0} (i = 1, \cdots, m)$，$\delta_r^0 = \hat{y}_{r0} / y_{r0} (r = 1, \cdots, s)$，这说明了 θ_i^0 与 δ_r^0 的

含义。在满足 (G_0) 的约束条件下，$(\theta_1 x_{10}, \cdots, \theta_m x_{m0})^T$ 表明了技术转移成本因素输入从 X_0 出发的各分量分别变化，$(\delta_1 y_{10}, \cdots, \delta_s y_{s0})^T$ 表明了技术转移收入输出从 Y_0 出发各分量的分别变化，最小化技术转移成本要素输入并最大化技术转移收入输出，达到对应的 DMU 为 DEA 有效 (CR^2) 的 $(\hat{X}_0, \hat{Y}_0)$。

2. 具有足够小正数 ε 的 C^2R 模型

在技术转移的 DEA 效率评价中，通常需要考虑两个问题：一是判断技术转移机构决策单位 DMU_0 是否 DEA 有效 (CR^2)；二是求技术转移最优效率评价指数 θ_0。前者由问题 (G_0) 的最优值 V_0 是否为零来判断，后者就是求问题 (D_0) 的最优值 θ_0。而解决这两个问题需要求解两个线性规划，因此要构建一个新的 C^2R 模型已达到只解一个线性规划来解决这两个问题。

问题 (G_0) 的目标函数为 $\hat{e}^T S^- + e^T S^+$，求其最大值，而问题 (D_0) 为求 θ 的最小值，因而将问题 (D_0) 的目标函数改为 $\theta - \varepsilon(\hat{e}^T S^- + e^T S^+)$，其中 ε 为足够小的正数，于是就可以得到具有足够小正数 ε 的 C^2R 模型 $(D_0)_\varepsilon$

$$\min[\theta - \varepsilon(\hat{e}^T S^- + e^T S^+)]$$
$$\text{s.t.} -\sum_{j \in J} \lambda_j X_j + \theta X_0 - S^- = 0$$
$$\sum_{j \in J} \lambda_j Y_j - S^+ = Y_0 \tag{4-18}$$
$$\lambda_j \geq 0, j \in J, S^- \geq 0, S^+ \geq 0$$

同样，可以将问题 (F_0) 的目标函数 α 改为 $\alpha + \varepsilon(\hat{e}^T S^- + e^T S^+)$，$\varepsilon$ 为足够小的正数，于是就可以得到具有足够小正数 ε 的 C^2R 模型 $(F_0)_\varepsilon$

$$\max[\alpha + \varepsilon(\hat{e}^T S^- + e^T S^+)]$$
$$\text{s.t.} \sum_{j \in J} \lambda_j X_j + S^- = X_0$$
$$-\sum_{j \in J} \lambda_j Y_j + \alpha Y_0 + S^+ = 0 \tag{4-19}$$
$$S^- \geq 0, S^+ \geq 0, \lambda_j \geq 0, j \in J$$

若 C^2R 模型 $(D_0)_\varepsilon$ 或 $(F_0)_\varepsilon$ 有最优解，则其最优解也是问题 (D_0) 或 (F_0) 的最优解，且是 (D_0) 或 (F_0) 的最优解中使 $\hat{e}^T S^- + e^T S^+$ 最大的最优解。正数 ε 足够小时 $(D_0)_\varepsilon$ 的最优值为 $a = \theta - \varepsilon(\hat{e}^T S^- + e^T S^+)$，有 $0 < a \leq 1$，将 DMU_{j0} 改为对应 (aX_0, Y_0) 或 $(X_0, Y_0 / a)$ 后为 DEA 有效 (CR^2)；同理，正数 ε 足够小时 $(F_0)_\varepsilon$ 的最优值为 $b = \alpha + \varepsilon(\hat{e}^T S^- + e^T S^+)$，有 $b \geq 1$，将 DMU_{j0} 改为对应 $(X_0 / b, Y_0)$ 或 (X_0, bY_0) 后为 DEA 有效 (CR^2)。

4.3.5 技术转移的规模效率分析

对单技术转移成本要素输入、单技术转移收入输出的技术转移投入产出函数 $y=f(x)$，若有 $\lambda>1$，可知：当 $f(\lambda x)=\lambda f(x)$ 时为技术转移规模效率不变，当 $f(\lambda x)>\lambda f(x)$ 时为技术转移规模效率递增，当 $f(\lambda x)<\lambda f(x)$ 时为技术转移规模效率递减，可以用 DEA 方法把它推广到多输入、多输出的情况。

1. 技术转移规模效率的判断

有 n 个技术转移机构或部门单位的决策单元，对 DMU_j 有 m 维技术转移成本要素输入向量 $X_j\geqslant 0$，有 s 维技术转移收入输出向量 $Y_j\geqslant 0$，$j\in J=\{1,\cdots,n\}$。若 DMU_{j0} 对应有 (X_0,Y_0)，求得问题 (F_1)

$$\max\alpha$$
$$\mathrm{s.t.}(X_0,\alpha Y_0)\in T_1$$

的最优值 α_0 后，由其最优解对应的单纯形表 (π) 可求得问题 (Q_1)

$$\min(\omega^{\mathrm{T}}X_0+\beta)$$
$$\mathrm{s.t.}\omega^{\mathrm{T}}X_j-\mu^{\mathrm{T}}Y_j+\beta\geqslant 0, j\in J$$
$$\mu^{\mathrm{T}}Y_0=1$$
$$\omega\geqslant 0,\mu\geqslant 0$$

的最优解 ω_0、μ_0、β_0，即存在 T_1 的超支撑面 $L:\omega_0^{\mathrm{T}}X-\mu_0^{\mathrm{T}}Y+\beta_0=0$，且有技术转移活动 $(X_0,\alpha_0Y_0)\in L\bigcap T_1$ 为弱 DEA 有效（$\mathrm{C}^2\mathrm{GS}^2$）。问题 (Q_1) 可能有不同的最优解，即有不同的 β_0 值可在某区间内变化，当这个区间不包含零时，则 β_0 在这个区间内取一定的符号。

在过 (X_0,α_0Y_0) 不存在常数项为零的支撑超平面的情况下，若 $\beta_0>0$，即当 $\lambda>1$ 时 $\omega_0^{\mathrm{T}}(\lambda X)+\beta_0<\lambda(\omega_0^{\mathrm{T}}X+\beta_0)$，则技术转移机构的决策单元 DMU_{j0} 为规模效率递减；若 $\beta_0<0$，即当 $\lambda>1$ 时 $\omega_0^{\mathrm{T}}(\lambda X)+\beta_0>\lambda(\omega_0^{\mathrm{T}}X+\beta_0)$，则技术转移机构的决策单元 DMU_{j0} 为规模效率递增；若过 (X_0,α_0Y_0) 存在常数项为零的支撑超平面 $\mu_0^{\mathrm{T}}Y=\omega_0^{\mathrm{T}}X$，即当 $\lambda>1$ 时 $\omega_0^{\mathrm{T}}(\lambda X)+\beta_0=\lambda(\omega_0^{\mathrm{T}}X+\beta_0)$，则技术转移机构的决策单元 DMU_{j0} 为规模效率不变。

过技术转移活动 (X_0,α_0Y_0) 存在常数项为零的支撑超平面，即 (X_0,α_0Y_0) 对应的 DMU 为弱 DEA 有效（$\mathrm{C}^2\mathrm{R}$），其充要条件为问题 (H_0)

$$\max \alpha$$
$$\text{s.t.} \sum_{j \in J} \lambda_j X_j + S^- = X_0$$
$$-\sum_{j \in J} \lambda_j Y_j + \alpha(\alpha_0 Y_0) + S^+ = 0$$
$$S^- \geqslant 0, S^+ \geqslant 0, \lambda_j \geqslant 0, j \in J$$

的最优值 $\alpha^* = 1$。

因此，判断技术转移活动规模效率的方法为：对技术转移活动 (X_0, Y_0) 先求出问题 (F_1) 的最优值 α_0，再对 $(X_0, \alpha_0 Y_0)$ 考虑问题 (H_0)。若其最优值 $\alpha^* = 1$，则技术转移机构的决策单元 DMU_{j0} 为规模效率不变；若 $\alpha^* > 1$，则过 $(X_0, \alpha_0 Y_0)$ 不存在常数项为零的支撑超平面，当 $\beta > 0$ 时，DMU_{j0} 为规模效率递减，当 $\beta < 0$ 时，DMU_{j0} 为规模效率递增。

2. 规模效率分析

在判断 DMU_{j0} 的规模效率同时判断 DEA 有效性 (C^2R)，若它非 DEA 有效 (C^2R)，根据其规模效率可以将它转化为 DEA 有效 (C^2R)。为了评价 $(X_0, \alpha_0 Y_0)$ 的 DEA 有效性 (C^2R)，考虑将 (H_0) 中的目标函数变为具有足够小正数 ε 的 C^2R 模型 $(H_0)_\varepsilon$。将目标函数改为 $\alpha + \varepsilon(\hat{e}^T S^- + e^T S^+)$ 后可知，$(H_0)_\varepsilon$ 的最优解也是 (H_0) 的最优解，因此在规模效率分析中将 (H_0) 改为 $(H_0)_\varepsilon$ 对结论没有影响。

对 (X_0, Y_0)，求出 (F_1) 的最优值 α_0 后，对 $(X_0, \alpha_0 Y_0)$ 考虑具有足够小正数 ε 的 C^2R 模型 $(H_0)_\varepsilon$，若其最优解为 α^*，S^{0-}，S^{0+}，$\lambda_j^0 (j \in J)$，即最优值 $b = \alpha^* + \varepsilon(\hat{e}^T S^- + e^T S^+)$。

若 $\alpha^* = 1$，则技术转移机构决策单元 DMU_{j0} 为规模效率不变。若还有 $S^{0-} = 0$，$S^{0+} = 0$，则 $(X_0, \alpha_0 Y_0)$ 对应的技术转移机构决策单元 DMU 为 DEA 有效 (C^2R)。因此 $\alpha_0 = 1$ 时，DMU_{j0} 为 DEA 有效 (C^2R)。若 $\alpha_0 > 1$，则 DMU_{j0} 改为对应 $(X_0, \alpha_0 Y_0)$ 后为 DEA 有效 (C^2R)。若 $S^{0-} = 0$，$S^{0+} = 0$ 不成立，则 $(X_0, \alpha_0 Y_0)$ 对应的技术转移机构的决策单元 DMU 为非 DEA 有效 (C^2R)，DMU_{j0} 改为对应 $(X_0, b(\alpha_0 Y_0))$ 后为 DEA 有效 (C^2R)。

若 $\alpha^* > 1$ 且 $\sum_{j \in J} \lambda_j^0 > 1$，则技术转移机构决策单元 DMU_{j0} 为规模效率递减，且 $(X_0, \alpha_0 Y_0)$ 对应的 DMU 为非 DEA 有效 (C^2R)。DMU_{j0} 规模过大，宜减少技术转移成本要素输入，设

$$\hat{X}_0 = X_0 - S^{0-}, \hat{Y}_0 = \alpha^*(\alpha_0 Y_0) + S^{0+}$$

则 DMU_{j0} 改为对应 $(\hat{X}_0, \hat{Y}_0)$ 后为 DEA 有效 (C^2R)。

若 $\alpha^* > 1$ 且 $\sum\limits_{j\in J}\lambda_j^0 < 1$，则技术转移机构决策单元 DMU_{j0} 为规模效率递增，且 $(X_0, \alpha_0 Y_0)$ 对应的 DMU 为非 DEA 有效 (C^2R)。DMU_{j0} 规模太小，不宜减少技术转移成本要素输入，应相应增加技术转移收入输出。因此与 $(H_0)_\varepsilon$ 相应，考虑评价 $(rX_0, r\alpha_0 Y_0)(r > 0)$ 时具有足够小正数 ε / r 的 C^2R 模型 $(H_0)_{\varepsilon/r}$

$$\max[\alpha + (\varepsilon / r)(\hat{e}^T T^- + e^T T^+)]$$

$$\text{s.t.} \sum_{j\in J}\mu_j X_j + T^- = rX_0$$

$$-\sum_{j\in J}\mu_j Y_j + \alpha(r\alpha_0 Y_0) + T^+ = 0$$

$$T^- \geqslant 0, T^+ \geqslant 0, \mu_j \geqslant 0, j \in J$$

于是它有最优解 α^*，$T^{0-} = rS^{0-}$，$T^{0+} = rS^{0+}$，$\mu_j^0 = r\lambda_j^0 (j \in J)$，因而有最优值

$$\alpha^* + (\varepsilon / r)[\hat{e}^T(rS^{0-}) + e^T(rS^{0+})] = \alpha^* + \varepsilon(\hat{e}^T S^{0-} + e^T S^{0+}) = b$$

且 $\sum\limits_{j\in J}\mu_j^0 = r\sum\limits_{j\in J}\lambda_j^0$。若 $1 < r \leqslant 1\Big/\sum\limits_{j\in J}\lambda_j^0$，因 $X_0 \geqslant 0$，则 $X_0 \leqslant rX_0$，且 $\sum\limits_{j\in J}\mu_j^0 = r\sum\limits_{j\in J}\lambda_j^0 \leqslant 1$ 说明 $(rX_0, r\alpha_0 Y_0)$ 比 $(X_0, \alpha_0 Y_0)$ 的技术转移成本因素输入（规模效率）增加，对应的 DMU 为规模效率非递减，且 DMU_{j0} 改为对应 $(rX_0, br\alpha_0 Y_0)$ 后为 DEA 有效 (C^2R)。

第5章 青岛市技术转移服务体系 DEA 效率测算研究

5.1 研究理论设计

5.1.1 DEA 模型的选择

对技术转移创新服务效率的评价通常都采用相对比较的方法，其中较常用的方法是在建立评价指标体系的基础上，通过构造效用函数对技术转移创新服务效率加以评价。有些学者曾经提出用生产前沿函数、利润函数、成本函数等作为技术转移服务效率的衡量标准，但对多输入、多输出的情况，确定具体的函数形式十分困难，建立效用函数时也不可避免地引入较大的主观性，使研究结果的客观性受到影响。而且对技术转移这种需要多部门、多机构、多平台合作的情况，某些指标是很难用价格或相对价值进行衡量的。

选择技术转移创新服务效率的评估方法，除了要考虑到方法本身的优点外，还应从技术转移、科技创新服务的特点出发。对技术转移服务体系的效率研究，每个城市都可以作为具有多输入多输出的待评价个体，而且由于技术转移科技创新服务体系的特点，很难准确地找到一种具体的函数形式来确定其生产函数。对这一类问题，一些常用的统计分析方法是很难解决的。另外，本书研究目的之一是为达不到相对有效的城市提供科技创新和技术转移服务效率的改进信息和管理建议，因此，本书采用基于前沿面分析手段的 DEA 方法。

DEA 方法是由 A. Charnes 和 W. W. Cooper 等在 20 世纪 70 年代，基于"相对效率"思想提出的系统效率评价方法，它将工程效率意义上的分析模式运用于 DMU 多输入、多输出的效率相对有效性评价中。DEA 的思路可以追溯到 1957 年 Farrell 提出的数据包络思想，因此 DEA 方法有时也被称为非参数评估方法或 Farrell 有效性评估。

DEA 对 DMU 的评价是在输入不变的情况下，令输出最大化；或者在输出不变的情况下，令输入最小化来实现的，因而相对有效的 DMU 必然处于帕累托最优的前沿面上，即 DEA 的有效性分析与具有多输入、多输出的目标问题的帕累托最优解等价。

另外，DEA 也是一种新的统计方法，但它与传统的统计方法相比在效率评价上具有一定区别：传统的统计方法是从数据中拟合出样本整体的趋势，从效率评价角度上看，它将相对有效的样本和非有效的混在一起分析，因此其拟合出的函数本质上是平均态势下的函数，严格地说不符合效率评价的要求；而 DEA 对前沿面的非参数估计则是运用数学规划方法，从数据中分析出处于相对有效面上的样本个体，因此，得到的相对有效前沿面本质上是最优的，这可以克服传统统计方法存在的事先设定函数错误的风险，并解决了拟合平均性趋势的缺陷。另外，DEA 与传统的统计方法相比在效率评价方面还具有以下优点：DEA 以 DMU 的输入、输出为变量，直接进行前沿面的非参数估计，这就避免了事先确定各指标的权重；对 DMU 进行评价不需要考虑输入和输出之间的某些统计显性关系，较好地弥补了传统统计手段的结果失真缺陷；DEA 的结果与指标的量纲无关；能给出非 DEA 有效的 DMU 相对无效性原因和改进路径及幅度等。由于诸多优点，DEA 方法现已成为管理科学、系统工程与决策、评价技术等领域的一种重要而有效的分析工具，受到国内外学者的广泛关注。

与其他评价方法相比较，对技术转移服务效率的研究采用 DEA 方法主要有以下优点。

第一，DEA 致力于对每一个城市创新服务体系的 DMU 进行优化，而不是对 DMU 集合的整体进行单一优化。通过 n 次优化运算得到每一个城市的优化解，且在同口径下可以对创新体系服务效率进行排序，可以得到更切合实际的效率评价值。

第二，DEA 方法直接采用输入输出指标数据进行计算，不需要预先给定生产函数的形式，避免了生产函数形式的确定错误风险，可以最大程度上避免对技术转移的科技创新服务效率评价引入过多的主观因素，使结果具有准确性和客观性。

第三，应用 DEA 对创新服务效率进行相对有效性评价时，可以对每个未达到相对有效性城市的输出和输入变量进行无效率比分析，从而得到针对性更强的效率改进建议。

第四，DEA 的主要优点是不需要考虑生产前沿的具体形式，仅需要投入产出数据，因此其模型可以做其他形式的扩展。技术转移和科技创新服务体系与其他经济管理问题相比具有特殊性，运用 DEA 方法进行评价可以根据科技创新的特点扩展模型形式，使 DEA 模型更符合技术转移和科技创新的实际。

第五，DEA 可以同时求出 DMU 的纯技术效率和规模效率，并对规模报酬情况进行判断。这可以排除技术转移和科技创新的规模效率，以纯技术效率判断科技创新服务效率的相对有效性，符合当前技术转移和科技创新粗放型增长的现实。对某些城市可能出现的规模报酬递减现象也可以明确显示，对科技服务部门的盲目扩张做出警示。

DEA 经过多年的研究和改进，取得了很大的进展。从理论研究上看，人们分别从 DMU 的数量、决策者偏好及信息不确定性情况下的相对有效性评价等多个方面对 DEA 模型进行了改进和扩展。从实践上看，由于 DEA 具有不需要预先估计指标权重和函数关系、算法简单、评价结果丰富等诸多优点，特别适合多输入、多输出的复杂系统的相对有效性评价。所以，DEA 的应用领域已遍布工业企业、金融、市政、环保、邮政、交通运输、医院、教育、军事等多个领域。除了事后评价以外，DEA 也被用于对未来经济行为的预测、决策的事前评估与选择。而本书将把 DEA 方法的应用进一步拓展到科技服务效率的评价。

DEA 要解决的问题是度量 n 个 DMU 的相对有效性，每个 DMU 都有 m 种输入，同时允许每个 DMU 有 k 种产出，因此第 j 个决策单元 DMU_j 的输入指标 x_i 的值为 $x_{ij}(i=1,\cdots,m)$，输出指标 y_k 的值为 $y_{kj}(k=1,\cdots,s)$，$j \in J = \{1,\cdots,n\}$，记总输入指标为 $X = (x_1,\cdots,x_m)^{\mathrm{T}}$，总输出指标为 $Y = (y_1,\cdots,y_s)^{\mathrm{T}}$，$(X_j,Y_j)$ 为第 j 个 DMU 的投入产出。可构造投入产出集

$$T = \left\{ (X,Y) \middle| X \geqslant \sum_{j \in J} \lambda_j X_j, Y \leqslant \sum_{j \in J} \lambda_j Y_j, \sum_{j \in J} \lambda_j = 1, \lambda_j \geqslant 0, j \in J \right\}$$

在此基础上，可以构造经典的 C^2GS^2 模型

$$\begin{aligned}
&\min \theta \\
&\text{s.t.} -\sum_{j \in J} \lambda_j X_j + \theta X_0 \geqslant 0 \\
&\sum_{j \in J} \lambda_j Y_j \geqslant Y_0 \\
&-\sum_{j \in J} \lambda_j = -1 \\
&\lambda \geqslant 0, j \in J
\end{aligned} \qquad (5\text{-}1)$$

模型（5-1）中，目标函数值 θ 表示在输出既定的条件下，输入向量 X_i 的最大可收缩程度，λY_i 和 λX_i 相当于第 i 个 DMU 的输入和输出在生产前沿面上的投影，该投影为包括第 i 个 DMU 在内的所有 n 个 DMU 输入输出的最优投入产出面。若实际输出和相应的投影重合，则表示该 DMU 的效率位于生产前沿面上，即效率值为 1，该 DMU 为 DEA 相对有效。

C^2GS^2 模型是假定在规模报酬不变的基础上的，即认为所有的 DMU 在规模效率上都是有效的，而 CR^2 模型放松了该假设。经典的 CR^2 模型为

$$\begin{aligned}
&\min \theta \\
&\text{s.t.} -\sum_{j \in J} \lambda_j X_j + \theta X_0 \geqslant 0 \\
&\sum_{j \in J} \lambda_j Y_j \geqslant Y_0 \\
&\lambda_j \geqslant 0, j \in J
\end{aligned} \qquad (5\text{-}2)$$

该模型和 C^2GS^2 模型相比，放松了一个约束条件：$\sum_{j \in J} \lambda_j = 1$，即对 λ 的取值放松了限制，其含义是度量第 i 个 DMU 的 DEA 相对效率时，同时与跟它规模接近的 DMU 做比较。因此，CR^2 模型中考虑了规模效率，它实质上是将 C^2GS^2 模型中的 DEA 相对效率值分解为两部分：一部分是规模效率，另一部分是剔除了规模效率以后的纯技术效率。三者之间关系为

$$总效率=纯技术效率×规模效率$$

显然，当且仅当纯技术效率和规模效率都有效时，相应的 DMU 才达到 DEA 相对有效性。

5.1.2　指标体系及数据统计

指标体系包括高新技术企业、技术交易活跃度、地方高等学校、研发机构和政府支持五类，共 25 个指标。具体指标设置见表 5-1。

表 5-1　技术转移和科技创新服务效率的 DEA 模型评价模型指标体系

高新技术企业	高新技术企业技术收入/千元	高新技术企业科技活动人员/人	高新技术企业科技活动经费内部支出/千元	高新技术企业科技活动经费外部支出/千元	高新技术企业 R&D 经费内部支出/千元
	X_2	X_3	X_4	X_5	X_6
技术交易活跃度	输出技术成交金额/万元	吸纳技术成交金额/万元	消化吸收经费支出/万元	购买国内技术经费支出/万元	技术改造经费支出/万元
	X_7	X_8	X_9	X_{10}	X_{11}
地方高等学校	地方高等学校技术转移金额/千元	地方高等学校技术转移当年实际收入/千元	地方高等学校专利出售总金额/千元	地方高等学校专利出售当年实际收入/千元	
	X_{12}	X_{13}	X_{14}	X_{15}	
研发机构	各地区研究与开发机构专利所有权转让及许可收入/万元	各地区研究与开发机构对境内研究机构支出/万元	各地区研究与开发机构对境内高等学校支出/万元	各地区研究与开发机构对境内企业支出/万元	各地区研究与开发机构对境外机构支出/万元
	X_{16}	X_{17}	X_{18}	X_{19}	X_{20}
政府支持	企业使用来自政府部门的科技活动资金/万元	企业研究开发费用加计扣除减免税/万元	高新技术企业减免税/万元	火炬计划专利授权数/项	火炬计划自有技术/项
	X_{21}	X_{22}	X_{23}	X_{24}	X_{25}

注：X_1 为技术合同成交金额（万元）

如表 5-1 所示，其中输出指标为技术合同成交金额（万元），输入指标包含五个维度。高新技术企业维度包括高新技术企业技术收入（千元）、高新技术企业科技活动人员（人）、高新技术企业科技活动经费内部支出（千元）、高新技术企业

科技活动经费外部支出（千元）、高新技术企业 R&D 经费内部支出（千元）；技术交易活跃度维度包括输出技术成交金额（万元）、吸纳技术成交金额（万元）、消化吸收经费支出（万元）、购买国内技术经费支出（万元）、技术改造经费支出（万元）；地方高等学校维度包括地方高等学校技术转移金额（千元）、地方高等学校技术转移当年实际收入（千元）、地方高等学校专利出售总金额（千元）、地方高等学校专利出售当年实际收入（千元）；研发机构维度包括各地区研究与开发机构专利所有权转让及许可收入（万元）、各地区研究与开发机构对境内研究机构支出（万元）、各地区研究与开发机构对境内高等学校支出（万元）、各地区研究与开发机构对境内企业支出（万元）、各地区研究与开发机构对境外机构支出（万元）；政府支持维度包括企业使用来自政府部门的科技活动资金（万元）、企业研究开发费用加计扣除减免税（万元）、高新技术企业减免税（万元）、火炬计划专利授权数（项）、火炬计划自有技术（项）。

5.1.3　样本数据的相关性

本书所建立的技术转移服务效率评价模型指标体系，可能产生序列相关性和多重共线性：一些基本技术转移变量存在相关的共同趋势，如在经济发展的上升期，各基本模型指标都趋于增长，而经济衰退时期又同时趋于下降，这些指标的样本数据往往呈现某些近似的比例关系，即存在序列相关性；截面数据指标的数值往往与技术转移合同成交额呈正比，产出量高的城市其各种输入指标的投入量都比较多，这就使得输入指标之间出现线性相关性；某些指标数值往往与前期数据具有较高的线性相关性，因此模型中的指标当期与前期的样本数据之间具有较强的序列相关性和多重共线性。由于完全符合理论模型所要求的样本数据较难收集，在现有数据条件下，特定样本可能存在某种程度的序列相关性和多重共线性。将模型指标的初选样本数据进行相关性分析，见附表 1。

因此，本书以样本数据的自然对数指标来代替绝对数指标，各指标样本数据之间的相关性矩阵见附表 2。

由附表 2 可见，当模型评价指标的样本数据采用自然对数数据时，各指标之间的序列相关性和多重共线性明显降低，可以运用普通最小二乘法（ordinary least square，OLS）对样本数据进行统计分析。

5.1.4　计量经济学分析

技术转移服务的输入输出关系可以用生产函数来分析，选择适当的生产函数类型来分析输入产出之间的关系，目的在于分析技术转移服务效率模型中各输入要素对技术转移输出的影响。本书认为 Cobb-Dauglas 生产函数（C-D 生产函数）

形式更有利于技术转移服务效率的研究，其函数的形式为

$$Q = AL^{\alpha}K^{\beta} \tag{5-3}$$

其中，Q 表示总产出；K 表示资本投入；L 表示劳动投入；A 表示技术进步率；α 和 β 为模型待估参数，α 表示劳动力的产出弹性，β 表示资本的产出弹性。

出于研究目的与侧重，本书建立 C-D 函数形式的五维度输入-技术转移规模输出函数：

$$Y = AX_E^{\alpha}U_O^{\beta}U_L^{\lambda}X_C^{\omega}X_I^{\delta} \tag{5-4}$$

其中，Y 代表技术转移成交额输出；A 代表技术转移服务的技术效率；X_E 代表高新技术企业维度输入，包括高新技术企业技术收入（千元）、高新技术企业科技活动人员（人）、高新技术企业科技活动经费内部支出（千元）、高新技术企业科技活动经费外部支出（千元）、高新技术企业 R&D 经费内部支出（千元）；U_O 代表技术交易活跃维度输入，包括技术合同成交金额（万元）、输出技术成交金额（万元）、吸纳技术成交金额（万元）、消化吸收经费支出（万元）、购买国内技术经费支出（万元）、技术改造经费支出（万元）；U_L 代表地方高等学校维度输入，包括地方高等学校技术转移金额（千元）、地方高等学校技术转移当年实际收入（千元）、地方高等学校专利出售总金额（千元）、地方高等学校专利出售当年实际收入（千元）；X_C 代表研发机构维度输入，包括各地区研究与开发机构专利所有权转让及许可收入（万元）、各地区研究与开发机构对境内研究机构支出（万元）、各地区研究与开发机构对境内高等学校支出（万元）、各地区研究与开发机构对境内企业支出（万元）、各地区研究与开发机构对境外机构支出（万元）；X_I 代表政府支持维度输入，包括企业使用来自政府部门的科技活动资金（万元）、企业研究开发费用加计扣除减免税（万元）、高新技术企业减免税（万元）、火炬计划专利授权数（项）、火炬计划自有技术（项）；α、β、λ、ω、δ 分别代表上述各维度的输入输出弹性，为待估参数。输入-输出函数的线性化函数如下：

$$\ln Y = \ln A + \alpha\ln X_E + \beta\ln U_O + \lambda\ln U_L + \omega\ln X_C + \delta\ln X_I + e \tag{5-5}$$

其中，e 为随机变量。

从线性化模型可以看出：第一，各维度的产出弹性越大说明该维度技术转移输入投入对技术转移结果输出的增长贡献越明显。第二，A 越大，说明技术转移服务的技术效率越大。在 C-D 生产函数中，A 表示技术系数。在本书中，表示科技创新服务的技术效率，若 $A>1$，则当前的技术水平能够提高科技创新服务效率。第三，若 $\alpha+\beta+\lambda+\omega+\delta>1$，则技术转移的规模报酬递增不论增加哪个维度的输入都会提高技术转移成交额输出量。

1. 高新技术企业

高新技术企业维度参数估计结果见表 5-2。

表 5-2　高新技术企业维度参数估计表

模型	系数 A				
	非标准化系数		标准系数	t	Sig.
	B	标准误差			
（常量）	3.739	34.541		0.108	0.916
高新技术企业技术收入/千元	5.669×10^{-6}	0.000	0.945	5.434	0.000
高新技术企业科技活动人员/人	0.000	0.002	0.111	0.252	0.806
高新技术企业科技活动经费内部支出/千元	-5.844×10^{-7}	0.000	-0.030	-0.078	0.939
高新技术企业科技活动经费外部支出/千元	-1.081×10^{-5}	0.000	-0.024	-0.173	0.866
高新技术企业 R&D 经费内部支出/千元	-1.045×10^{-6}	0.000	-0.024	-0.148	0.886

因变量：技术合同成交金额/万元

2. 技术交易活跃度

技术交易活跃度维度参数估计结果见表 5-3。

表 5-3　技术交易活跃度维度参数估计表

模型	系数 A				
	非标准化系数		标准系数	t	Sig.
	B	标准误差			
（常量）	-4.139	8.824		-0.469	0.649
输出技术成交金额/万元	0.979	0.030	0.971	33.104	0.000
吸纳技术成交金额/万元	0.076	0.102	0.026	0.742	0.475
消化吸收经费支出/万元	0.000	0.000	-0.059	-1.354	0.205
购买国内技术经费支出/万元	0.001	0.000	0.118	2.645	0.025
技术改造经费支出/万元	-1.466×10^{-5}	0.000	-0.014	-0.720	0.488

因变量：技术合同成交金额/万元

3. 地方高等学校

地方高等学校维度参数估计结果见表 5-4。

表 5-4 地方高等学校维度参数估计表

模型	非标准化系数		标准系数	t	Sig.
	B	标准误差			
（常量）	235.982	235.229		1.003	0.337
地方高等学校技术转移金额/千元	−0.047	0.083	−1.113	−0.569	0.581
地方高等学校技术转移当年实际收入/千元	0.064	0.097	1.310	0.658	0.524
地方高等学校专利出售总金额/千元	0.065	0.099	0.348	0.653	0.527
地方高等学校专利出售当年实际收入/千元	−0.174	0.252	−0.354	−0.692	0.503

因变量：技术合同成交金额/万元

4. 研发机构

研发机构维度参数估计结果见表 5-5。

表 5-5 研发机构维度参数估计表

模型	非标准化系数		标准系数	t	Sig.
	B	标准误差			
（常量）	79.106	43.420		1.822	0.098
各地区研究与开发机构专利所有权转让及许可收入/万元	0.030	0.062	0.247	0.486	0.638
各地区研究与开发机构对境内研究机构支出/万元	−0.001	0.007	−0.235	−0.184	0.858
各地区研究与开发机构对境内高等学校支出/万元	0.006	0.016	0.537	0.343	0.739
各地区研究与开发机构对境内企业支出/万元	−0.004	0.014	−0.079	−0.288	0.780
各地区研究与开发机构对境外机构支出/万元	0.021	0.047	0.459	0.439	0.670

因变量：技术合同成交金额/万元

5. 政府支持

政府支持维度参数估计结果见表 5-6。

表 5-6　政府支持维度参数估计表

模型	系数 A		标准系数	t	Sig.
	非标准化系数				
	B	标准误差			
（常量）	−309.157	108.912		−2.839	0.018
企业使用来自政府部门的科技活动资金/万元	0.005	0.001	0.822	3.384	0.007
企业研究开发费用加计扣除减免税/万元	−0.004	0.002	−0.701	−2.186	0.054
高新技术企业减免税/万元	2.364×10^{-5}	0.001	0.009	0.017	0.987
火炬计划专利授权数/项	−1.767	2.590	−0.246	−0.682	0.511
火炬计划自有技术/项	8.775	4.820	0.906	1.820	0.099

因变量：技术合同成交金额/万元

5.2　青岛市技术转移服务 DEA 效率测算

本书运用 CR^2 模型，计算得出各 DMU 的规模报酬、总效率、纯技术效率和规模效率；运用 C^2GS^2 模型，假定规模报酬不变，计算各输入输出要素的改进值。其中，以投入导向的径向距离函数计算得出各输入要素的径向，并与样本数据比对，得出输入要素改进率；以产出导向的径向距离函数计算得出输出要素的径向，并与样本数据比对，得出输出要素的增长比。

5.2.1　16 个城市 DEA 总效率测算及其有效性改进

根据计量经济学拟合模型分析，将技术合同成交金额作为技术转移科技创新服务效率的输出值，以高新技术企业技术收入（千元，代表高新技术企业维度输入）、消化吸收经费支出（万元）和技术改造经费支出（万元，代表技术交易活跃度输入）、地方高等学校技术转移金额（千元，代表地方高等学校维度输入）、各地区研究与开发机构专利所有权转让及许可收入（万元，代表研发机构维度输入）、企业使用来自政府部门的科技活动资金（万元）和企业研究开发费用加计扣除减免税（万元，代表政府支持维度输入）。DEA 计算结果见表 5-7。

表 5-7　16 个城市 DEA 总效率测算及其有效性改进表

DMU	总效率	纯技术效率	规模效率	规模度	改进率/%							增长比/%
					技术收入	消化吸收经费支出	技术改造经费支出	技术转移金额	转让及许可收入	科技活动资金	减免税	技术合同成交金额
北京	1.00	1.00	1.00	不变	0	0	0	0	0	0	0	0
成都	0.41	0.58	0.71	递增	86.28	58.89	93.53	90.38	58.89	83.15	58.89	143.26
大连	0.60	0.62	0.96	递增	39.92	39.92	66.06	75.63	95.67	62.65	57.04	66.45
广州	0.28	0.38	0.73	递减	72.69	72.30	72.30	72.31	72.30	72.31	72.32	260.98
哈尔滨	1.00	1.00	1.00	递增	0	0	0	0	0	0	0	0
南京	0.74	1.00	0.74	递减	30.35	69.75	45.22	78.48	25.54	25.54	29.84	34.30
宁波	0.18	0.71	0.26	递增	81.81	92.20	90.01	81.81	81.81	81.81	96.22	449.76
青岛	0.25	0.85	0.30	递增	74.51	92.92	83.89	77.85	97.78	74.51	89.44	292.34
上海	1.00	1.00	1.00	不变	0	0	0	0	0	0	0	0
深圳	1.00	1.00	1.00	不变	0	0	0	0	0	0	0	0
沈阳	1.00	1.00	1.00	不变	0	0	0	0	0	0	0	0
天津	0.94	1.00	0.94	递减	85.22	84.58	22.20	40.53	6.08	6.08	74.36	6.47
武汉	1.00	1.00	1.00	不变	0	0	0	0	0	0	0	0
西安	1.00	1.00	1.00	不变	0	0	0	0	0	0	0	0
厦门	1.00	1.00	1.00	递增	0	0	0	0	0	0	0	0
重庆	1.00	1.00	1.00	递减	0	0	0	0	0	0	0	0

　　由表 5-7 可知，各城市 DEA 效率的总体测算中，北京、哈尔滨、上海、深圳、沈阳、武汉、西安、厦门、重庆九个城市达到 DEA 有效。青岛市的总效率得分为 0.25，在 16 个城市中排名第 15 位。其中纯技术效率得分为 0.85，排名第 12 位；规模效率得分为 0.30，排名第 15 位。纯技术效率得分较高，总效率的损失主要因为规模效率低。青岛市技术转移各输出要素的结构配比及促进效率水平尚可，需整体提高技术转移服务规模，扩大科技创新服务面，以提供更多、更有效的技术转移交易。

　　从各输入维度的改进率来看，青岛市研发机构维度的各地区研究与开发机构专利所有权转让及许可收入要素改进率最高，为 97.78%，表明青岛市的研发机构专利交易情况欠佳，所有权转让及许可收入水平较低，需大幅度改进；其次是消化吸收经费支出，改进率为 92.92%，说明企业对引进技术的掌握、应用、复制等后期研发工作投入不足；企业研究开发费用加计扣除减免税的改进率为 89.44%，企业研发费用的减免税力度不高；技术改造经费支出改进率为 83.89%，企业对提高技术水平，改造落后工艺的技术创新动力不足；同时，高新技术企业的技术收入偏低，地方高等学校的技术转移金额较少，企业使用政府部门的科技活动资金匮乏，这些方面也存在一定程度的改进空间。

　　从输出角度的增长比来看，青岛市的技术转移处于规模报酬递增阶段，技术合同成交金额需提高 2.92 倍才能实现 DEA 有效，需要大幅度提升技术交易额度和数量，提高技术转移的规模效率。其对总效率值提升作用的敏感度要大于对输入维度的改进。

　　青岛市与全国各省、市 DEA 效率的比较结果见附表 3，在此不再赘述。

5.2.2　高新技术企业维度的 DEA 效率测算及其有效性改进

　　在高新技术企业维度输入指标中，包括技术收入、科技活动人员、科技活动经费内部支出、科技活动经费外部支出、R&D 经费内部支出五个指标。以技术合同成交金额为输出指标，以高新技术企业维度为输入指标，计算 2012 年 16 个城市的样本数据，DEA 计算结果见表 5-8。

表 5-8　高新技术企业维度的 DEA 效率测算及其有效性改进表

| DMU | 总效率 | 纯技术效率 | 规模效率 | 规模度 | 改进率/% | | | | | 增长比/% |
					技术收入	科技活动人员	科技活动经费内部支出	科技活动经费外部支出	R&D 经费内部支出	技术合同成交金额
北京	1.00	1.00	1.00	不变	0	0	0	0	0	0
成都	0.16	0.35	0.45	递增	84.26	84.26	87.34	84.26	90.01	535.34
大连	0.85	1.00	0.85	递增	15.14	15.14	47.92	23.45	72.56	17.84
广州	0.34	0.36	0.97	递增	65.53	66.09	65.53	65.53	75.95	190.11
哈尔滨	1.00	1.00	1.00	不变	0	0	0	0	0	0
南京	0.35	0.47	0.75	递增	65.06	69.50	65.06	75.78	85.90	186.22
宁波	0.12	0.95	0.13	递增	87.66	91.26	89.24	90.54	87.66	710.48
青岛	0.30	1.00	0.30	递增	69.92	78.29	76.46	88.20	69.92	232.42
上海	0.47	0.87	0.54	递减	52.98	52.98	64.86	52.98	86.93	112.69
深圳	0.53	0.62	0.86	递减	46.70	85.42	89.54	86.90	46.70	87.61
沈阳	1.00	1.00	1.00	不变	0	0	0	0	0	0
天津	0.37	0.50	0.73	递增	63.09	63.09	68.78	77.47	74.37	170.92
武汉	0.48	0.52	0.92	递增	52.30	58.38	52.30	52.30	58.72	109.65
西安	0.56	0.72	0.77	递增	44.36	49.70	44.36	44.36	69.85	79.73
厦门	0.31	0.93	0.34	递增	68.63	75.78	69.24	90.09	68.63	218.75
重庆	1.00	1.00	1.00	不变	0	0	0	0	0	0

由表 5-8 可知，在各城市高新技术企业维度的 DEA 效率中，北京、哈尔滨、沈阳、重庆四个城市实现了 DEA 相对有效。青岛市的总效率得分为 0.3，在 16 个城市中排名第 14 位；纯技术效率得分为 1，实现了纯技术效率的 DEA 相对有效；规模效率得分为 0.3，排名 15 位。说面青岛市现有的高新技术企业在技术交易、科技人员投入、科技活动支出、R&D 支出等方面的效率水平较为理想。最大问题是高新技术企业数量、技术交易规模、科技创新投入规模上差距较大。在保证现有高新技术企业的投入产出水平的前提下，增加高新技术企业数量，促进高新技术企业技术交易，提升高新技术企业科技人员数量，实现规模效益，能有效地提升青岛市高新技术企业的 DEA 效率水平。

从输入维度的改进率来看，青岛市科技活动经费外部支出的改进率为 88.2%，高新技术企业应加大投入科技经费的总量；科技活动人员指标的改进率为 78.29%，高新技术企业投入到科研活动中的人力资源不足；技术收入、科技活动经费内部支出、R&D 经费内部支出等指标均存在一定的改进空间。

从输出维度的提升指标来看，青岛市高新技术企业对技术合同成交量的贡献需提升 2.32 倍方可实现 DEA 相对有效，高新技术企业对技术转移的促进作用仍非常大。

根据高新技术企业维度的 DEA 测算结果，有如下建议。

（1）青岛市高新技术企业的增长态势仍处于规模报酬递增阶段，可大幅度增加高新技术企业数量，并保持一定的科技研发和交易额度。

（2）高新技术企业研究和试验发展阶段与科技活动有关的人、财、物、时间、信息等资源的科技经费投入需大幅度增加，高新技术企业需进一步提升各类投入，包括：对科学研究与试验发展活动的投入，其中包括基础研究、应用研究和试验发展三种类型；对科技教育与培训的投入；科学技术服务过程中的技术开发投入；对科技成果转化与应用的投入，包括设计与试制、小批试制、工业性试验等；与科技活动有关的其他投入。

（3）青岛市高新技术企业可加大科学研究与试验成果应用、科技教育与培训及相关科技服务等方面科技活动力度。高新技术需强化接受外单位委托开展科研活动的能力。

5.2.3　技术交易活跃度维度的 DEA 效率测算及其有效性改进

在技术交易活跃度维度中，包括输出技术成交金额、吸纳技术成交金额、消化吸收经费支出、购买国内技术经费支出、技术改造经费支出五个指标。以技术合同成交金额为输出指标，以技术交易活跃度维度相关指标为输入指标，计算 2012 年 16 个城市的样本数据，DEA 计算结果见表 5-9。

表 5-9　技术交易活跃度维度的 DEA 效率测算及其有效性改进表

DMU	总效率	纯技术效率	规模效率	规模度	改进率/%						增长比/%
					输出技术成交金额	吸纳技术成交金额	消化吸收经费支出	购买国内技术经费支出	技术改造经费支出	技术合同成交金额	技术合同成交金额
北京	1.00	1.00	1.00	不变	0	0	0	0	0	0	
成都	0.79	0.95	0.83	递增	21.08	43.04	21.08	21.08	85.18	26.70	
大连	0.87	0.93	0.94	递增	12.79	12.79	61.48	85.51	83.84	14.67	
广州	0.86	0.86	1.00	递增	13.72	52.82	13.72	13.72	26.07	15.90	
哈尔滨	0.98	1.00	0.98	递增	2.33	53.52	2.33	2.33	72.73	2.39	
南京	0.68	0.72	0.94	递增	32.33	78.49	56.45	32.33	62.96	47.77	
宁波	0.56	1.00	0.56	递增	43.97	52.92	92.15	86.03	90.35	78.48	
青岛	0.56	0.94	0.60	递增	43.97	50.91	92.94	81.89	84.63	78.48	
上海	0.94	1.00	0.94	递减	5.99	5.99	80.63	53.17	5.99	6.37	
深圳	0.99	1.00	0.99	递增	0.58	55.55	0.58	0.58	12.78	0.59	
沈阳	1.00	1.00	1.00	不变	0	0	0	0	0	0	
天津	0.63	0.64	0.99	递增	37.09	37.09	86.76	46.63	46.45	58.95	
武汉	0.92	0.92	1.00	递增	8.33	69.20	8.33	8.33	51.54	9.08	
西安	1.00	1.00	1.00	不变	0	0	0	0	0	0	
厦门	0.87	1.00	0.87	递增	12.93	12.93	43.51	78.16	68.28	14.86	
重庆	1.00	1.00	1.00	不变	0	0	0	0	0	0	

　　由表 5-9 可知，各城市在技术交易活跃度方面的 DEA 相对有效性中，北京、沈阳、西安、重庆四个城市达到了 DEA 相对有效。青岛市总效率值为 0.56，在16 个城市中排名第 15 位；纯技术效率值为 0.94，排名第 11 位；规模效率值为 0.60，排名第 15 位。说明青岛市现有的技术交易活跃度较强，输出技术和吸纳技术指标所反映的技术供需较为活跃。但存在的主要问题是技术交易的规模仍需大幅度提升。同时，在技术交易后，吸纳技术企业在技术的消化吸收和技术改造经费等方面的投入力度不大，影响了引入技术的实际应用。

　　从输出维度的改进率来看，青岛市技术需求企业在购入技术后的消化吸收方面改进率最大，为 92.94%。技术引进的消化吸收再创新可以促进产业升级和自主创新能力的提高，企业需增强对引进技术进行再创新的意识，提升消化吸收再创新投入。政府部门应出台鼓励消化吸收再创新的政策，以形成鼓励再创新的良好氛围。技术改造经费支出的改进率为 84.63%，企业需着力提高企业自主创新意识，全面提高企业决策人对开展技术创新活动、科技活动、R&D 活动重要性的认识。另外，在输出技术成交金额、吸纳技术成交金额、购买国内技术经费支出等指标上也有一定程度的提升空间。

从输出维度来看，技术合同成交金额的提升率为 78.48%，青岛市技术市场的活跃度仍对技术转移服务效率的提升具有递增作用，应进一步提升技术交易的活跃程度。

根据技术交易活跃度维度的 DEA 效率测算结果，有如下建议。

（1）建立技术引进和消化吸收再创新的信息服务平台。通过多种渠道和手段为企业提供更多了解国外先进技术的机会。

一是加强政策引导，鼓励企业引进先进适用技术。采取财税、金融等手段，引导和鼓励企业引进国内急需的先进适用技术。加大政策扶持，保障重点技术引进项目的消化吸收再创新投入，支持重点项目的消化吸收再创新。对企业消化吸收再创新给予财政、税收、金融等多方面的政策支持。对关键技术和重大装备的消化吸收和再创新，政府给予引导性资金支持。

二是培育技术引进和消化吸收再创新的主体。鼓励大中型企业的技术引进和消化吸收再创新。同时，鼓励大中企业将技术向中小企业扩散，促进中小企业的技术进步，提高消化吸收再创新能力。进一步促进外资的技术溢出。制定促进外资技术溢出的支持政策，鼓励外商转让关键和核心技术，通过构建开放型的创新体系，鼓励外资参与国内科技研究合作项目，促进产学研结合。

（2）着力提高企业自主创新意识，全面提高企业决策人对开展技术创新活动、科技活动、R&D 活动重要性的认识。

一是加快构建多元化科技创新投入体系。应尽快建立健全多元化的科技投入体系，切实增加科技经费投入，着力解决资金短缺的羁绊。尽快建立和健全市场机制，完善现代企业制度，同时要加强对企业科技投入制度环境的营造，特别是应当围绕青岛市传统产业的技术改造和高技术化，通过引资、合资、自筹等渠道，加大投入，使企业真正成为技术创新和研究开发投入的主体。

二是加快完善企业自主创新的体制机制，充分运用产业政策、资源配置、价格机制和竞争机制深化资源要素市场化配置改革，建立健全反映市场供求、资源稀缺程度和环境成本的价格形成机制，引导和促进企业不断开发新技术、新工艺、新产品。引导企业制订技术创新战略和规划，加快建立现代企业制度，完善产权结构，鼓励专利、商标等知识产权出资和参与收入分配政策。加快政府职能转变，强化政策研究、规划制订和公共服务，围绕市场需求确定科研方向和重点，引导企业参与各级各类科技计划的实施，建立由企业牵头实施重大专项和重大项目的工作机制，加强政府的引导和服务工作。

三是健全技术创新体系。引导各类创新要素向企业集聚，引导企业不断加大科技投入，引导企业真正成为科技投入的主体、技术开发和成果转化的主体、风险承担和创新受益的主体。在全市基本形成以企业为主体、市场为导向、产学研结合的技术创新体系。

四是强化和完善产学研合作机制。要把政府的组织力、科研机构的创造力、企业的市场竞争力融汇起来，加大政府科技投入的引导作用，并形成明确的政策导向，通过资金、政策等引导机制，激励工商企业加大新技术、新装备和新产品研发投入，建立企业研发投入体系，确立企业成为全社会研究与发展经费投入的主体。

五是强化科技创新人才队伍建设，积极引导企业完善人才激励机制，调动各类科技人才的创新热情和积极性。

5.2.4　地方高等学校输入导向的 DEA 效率测算及其有效性改进

地方高等学校维度，包括技术转移金额、技术转移当年实际收入、专利出售总金额、专利出售当年实际收入四个指标。以技术合同成交金额为输出指标，以地方高等学校维度为输入指标，计算 2012 年 16 个城市的样本数据，DEA 计算结果见表 5-10。

表 5-10　地方高等学校输入导向的 DEA 效率测算及其有效性改进表

DMU	总效率	纯技术效率	规模效率	规模度	改进率/%				增长比/%
					技术转移金额	技术转移当年实际收入	专利出售总金额	专利出售当年实际收入	技术合同成交金额
北京	1.00	1.00	1.00	不变	0	0	0	0	0
成都	0.05	0.38	0.14	递增	95.05	94.55	94.55	98.26	1733.63
大连	0.04	0.11	0.35	递增	96.10	96.10	96.10	96.46	2466.49
广州	0.28	0.28	0.99	递减	72.32	72.30	72.30	72.65	260.96
哈尔滨	0.14	0.21	0.69	递增	85.75	85.75	85.75	91.90	601.66
南京	0.09	0.34	0.26	递增	91.15	91.15	91.15	95.76	1030.28
宁波	0.01	0.10	0.12	递增	98.80	98.80	98.80	99.60	8259.13
青岛	0.04	0.20	0.19	递增	96.19	96.19	96.19	98.29	2526.15
上海	0.53	0.54	0.99	递减	46.78	46.78	50.11	46.78	87.90
深圳	1.00	1.00	1.00	不变	0	0	0	0	0
沈阳	1.00	1.00	1.00	不变	0	0	0	0	0
天津	0.13	0.14	0.98	递增	86.71	86.71	86.71	90.46	652.70
武汉	0.09	0.59	0.16	递增	90.66	90.66	90.66	99.44	971.05
西安	0.10	0.72	0.13	递增	90.55	90.48	98.72	90.48	950.10
厦门	0.60	1.00	0.60	递增	42.93	39.82	39.82	66.73	66.16
重庆	1.00	1.00	1.00	不变	0	0	—	—	0

由表 5-10 可知，在高等学校促进产学研合作，提升技术转移的 DEA 效率比较中，16 个城市中，北京、深圳、沈阳、重庆四个城市达到了 DEA 相对有效。青岛市的总效率值仅为 0.04，在 16 城市中排名第 15 位；纯技术效率值为 0.20，排名第 13 位；规模效率值为 0.19，排名 12 位。说明青岛市地方高校在促进技术转移、专利出售等方面还有待提升。

从输入维度改进率来看，青岛市高等学校技术转移金额、技术转移当年实际收入、专利出售总金额、专利出售当年实际收入都需要较大幅度的改进。

从输出维度增长率来看，青岛市若仅从提升技术交易合同规模来改善 DEA 效率，则需提高 25.26 倍。

从发展趋势看，地方高校将成为我国公共科技投资专利产出的主要机构，促进大学以专利许可为主要内容的技术转移将更为迫切。而我国大学技术转移有两个问题仍未能在法律和实施层面解决：一是大学及科技人员对政府资助的研究成果的知识产权权属问题；二是缺乏专业化的专利许可服务机构。

根据地方高等学校维度的 DEA 效率测算结果，有如下建议。

（1）在青岛市现有大学技术转移中心的基础上选择几所重点扶持的大学和重点技术领域，引导和推进以专利技术为重点的大学技术转移活动。

（2）制定法规细则，进一步明确承担青岛市政府资助的研究开发项目的大学和研究人员，对研究成果拥有全部或部分知识产权的操作规程。

（3）建立青岛市高等学校技术转移专项资金，支持大学专利许可机构的发展。在现有大学技术转移机构和专利服务机构的基础上，通过试点，建立一批专业化的大学专利许可机构。这些专利许可机构可以建立在大学外，也可以建立在校内；可为本校和其他学校提供专利许可服务。

（4）对大学专利许可机构给予专利申请费用的减免政策。例如，对国内发明专利申请并获得受理的每件费用、对获得国内实用新型专利授权的每件费用、按照专利合作条款提出的专利国际申请并获得受理的每件费用及获得国外发明专利授权的每件费用等分类进行研究，制定实施办法。

（5）有关部门为大学专利许可机构培训技术经营管理人员和专利服务人员，实行专业资质制度。

5.2.5　研发机构维度的 DEA 效率测算及其有效性改进

研发机构维度的指标包括：专利所有权转让及许可收入、对境内研究机构支出、对境内高等学校支出、对境内企业支出、对境外机构支出。

以技术合同成交金额为输出指标，以研发机构维度为输入指标，可计算 2012 年 16 个城市的样本数据，DEA 计算结果见表 5-11。

表 5-11 研发机构维度的 DEA 效率测算及其有效性改进表

DMU	总效率	纯技术效率	规模效率	规模度	改进率/%					增长比/%
					专利所有权转让及许可收入	对境内研究机构支出	对境内高等学校支出	对境内企业支出	对境外机构支出	技术合同成交金额
北京	0.03	1.00	0.03	递减	97.39	99.87	99.75	0	0	3 734.03
成都	0.02	0.02	0.92	递增	98.12	99.79	99.27	0	0	5 211.30
大连	0.01	0.01	0.90	递减	99.11	99.37	98.88	98.88	99.80	8 823.92
广州	0.04	1.00	0.04	递减	98.78	96.17	95.57	95.57	95.91	2 158.54
哈尔滨	1.00	1.00	1.00	不变	0	0	0	0	0	0
南京	0.31	0.77	0.40	递减	69.38	97.11	92.25			226.56
宁波	0.08	0.26	0.31	递增	91.92	99.86	99.74	0	0	1 136.90
青岛	0.01	0.04	0.32	递增	98.66	98.65	98.63	98.63	98.77	7 199.52
上海	0.09	1.00	0.09	递减	91.32	99.08	98.16	0	0	1 051.51
深圳	0.16	1.00	0.16	递减	95.60	86.17	83.98	83.98	85.33	524.08
沈阳	0.01	0.01	0.85	递减	99.24	99.98	99.90	0	0	13 128.9
天津	0.83	1.00	0.83	递减	17.30	97.68	93.93	0	0	20.91
武汉	0.17	1.00	0.17	递减	83.23	93.70	91.00	0	0	496.19
西安	0.33	1.00	0.33	递减	67.22	99.88	90.25	—	0	205.04
厦门	1.00	1.00	1.00	不变	0	0	0	0	0	0
重庆	0.47	1.00	0.47	递减	52.89	98.60	95.20	0	—	112.25

由表 5-11 可知，各城市在研发机构的 DEA 相对有效性比较中，哈尔滨、厦门达到了 DEA 相对有效。青岛市 2012 年总效率值为 0.01，与大连、沈阳并排最后一位；纯技术效率值为 0.04，排名第 13 位；规模效率值为 0.32，排名第 10 位。说明青岛市的研发机构在专利所有权转让及许可，对境内企业、高校、研究机构的支出，以及对境外机构的支出效率水平较低，研发机构对技术转移服务效率的贡献率仍需大幅度提升。研发机构的规模效率随排名较靠前，但也处于规模递增阶段，可以依靠规模的提升增进效率。

从研发机构输入维度的改进率来看，青岛市专利所有权转让及许可收入、对境内研究机构支出、对境内高等学校支出、对境内企业支出、对境外机构支出等各项要素都存在较大提升空间。

从输出角度看，若仅依靠提升技术转移规模来改善 DEA 效率，则需提升 71.99 倍才能实现 DEA 相对有效，仅靠规模的增大来提升总效率并不可行。

根据研发机构维度的 DEA 测算结果，有如下建议。

（1）加大经费投入。科技投入不足是导致科研产出少的制约因素之一，而目前国家对科研经费投入还是主要支持科研机构的基础和应用基础研究。建议青岛市在此方面的经费投入应有所调整，逐步加大对技术转移需要的试验型研究、应用型研究的支持力度。

（2）完善能够激励科技产出的政策法规、机制建设。青岛市可制定规章，规定研发机构每年必须提供一定额度的经费用于技术转移和成果转化。改变科研机构的考核指标，纳入技术转移和成果转化的相关指标，加大有关技术转移的奖励激励、引导等政策力度。同时提高对知识产权的保护和对侵权行为的打击力度。

（3）选择适合的模式。对大学和一些专注于基础研究的科研院所，更易于产出一些发明专利，可以更多地参考专利许可的模式。

对一些重点进行产业化关键技术或应用技术研究的院所，产学研联合研发的模式更为适合。产学研合作的模式，一方面要重视政府引导的作用；另一方面，科研机构自身应加大"开放、流动"的意识，要有意识地参与一些产学研合作的活动，并且有意识地在研究过程中邀请企业共同参与课题的研究。而那些技术相对已经很成熟，并且也拥有一定应用基础的技术，就可以通过技术转移机构、技术咨询服务、成立公司等方式来推进技术转移。

有条件的科研院所可以成立成果转化中心、工程技术研发中心等，根据自身机构科研人员的特点，合理配置人力资源，通过工程技术研发中心把研究室里探索出的新技术、新工艺、新成果，进一步扩大到应用层面，解决产业化前的工艺和技术放大过程中的一些关键问题。

（4）合理规避和减少中试风险。目前，国家科研项目的主导思想还是对技术前期的支持比较多，对技术成熟后的应用往往采用的是用少量的资金做一些引导，真正实际生产用的大量资金还是需要应用企业去承担。这样就存在一个矛盾，企业的运作要尽可能规避所有的风险，所以企业不会投入大量的经费去做没有把握的二次开发，而当科研单位研究出来的技术无法直接应用于市场，又没有后续资金支持其完成对成果的扩大试验时，谁来对这一风险进行有效的转移和分担？再加上一些的科研成果未经充分验证运行后以失败告终，这就更加打击了企业投资的积极性。青岛市对科技经费投入的安排中，应考虑到中试风险，尽可能争取一些对成熟技术后期应用的资金支持，合理规避和减少企业的中试风险。

目前对成果的鉴定、技术的审查，企业作为技术应用方参与过少。因此，对一些有前景的新技术，政府应该起到一些引导和架桥的作用，可以在成果实际应用前，联合各方的专家进行充分的技术可行性和风险分析论证，并邀请企业参加。这样做一方面，可以让企业直接听到专家对技术的评断；另一方面，也可以让企业现场提出一些工业应用中可能遇到的风险和问题，引导科研人员对这些问题进行深入研究，使技术在实施前做好充足的准备工作。

5.2.6　国家支持维度的 DEA 效率测算及其有效性改进

国家支持维度包括企业使用来自政府部门的科技活动资金、企业研究开发费用加计扣除减免税、高新技术企业减免税、火炬计划专利授权数、火炬计划自有技术五个指标。以技术合同成交金额为输出指标，以国家支持维度为输入指标，计算 2012 年 16 个城市的样本数据，DEA 计算结果见表 5-12。

表 5-12　国家支持维度的 DEA 效率测算及其有效性改进表

DMU	总效率	纯技术效率	规模效率	规模度	改进率/%					增长比/%
					企业使用来自政府部门的科技活动资金	企业研究开发费用加计扣除减免税	高新技术企业减免税	火炬计划专利授权数	火炬计划自有技术	技术合同成交金额
北京	1.00	1.00	1.00	不变	0	0	0	0	0	0
成都	0.32	0.86	0.37	递增	74.03	87.61	68.15	77.74	68.15	213.96
大连	0.40	1.00	0.40	递增	93.25	91.22	62.38	84.59	59.79	148.67
广州	0.15	0.37	0.40	递增	85.41	95.70	91.13	85.22	85.82	576.73
哈尔滨	0.42	1.00	0.42	递增	76.52	74.17	57.64	57.64	69.79	136.09
南京	0.21	0.51	0.41	递增	79.35	93.39	82.76	89.76	87.40	384.21
宁波	0.04	0.35	0.11	递增	96.25	99.44	97.94	99.22	98.94	2569.06
青岛	0.06	0.64	0.10	递增	93.77	97.29	93.77	95.02	95.13	1504.79
上海	0.62	0.73	0.85	递增	81.00	94.27	79.65	37.86	38.47	60.93
深圳	0.53	0.96	0.55	递增	47.34	84.48	67.99	75.23	74.55	89.90
沈阳	0.47	0.81	0.58	递增	64.44	75.07	53.21	61.11	53.21	113.73
天津	0.23	0.52	0.44	递增	77.17	96.43	77.17	84.44	77.21	338.02
武汉	0.53	0.89	0.60	递增	46.68	84.51	46.68	72.34	62.18	87.54
西安	1.00	1.00	1.00	不变	0	0	0	0	0	0
厦门	0.27	1.00	0.27	递增	72.99	90.79	81.27	91.21	91.49	270.26
重庆	1.00	1.00	1.00	递增	20.01	74.65	0.20	0.20	42.77	0.20

由表 5-12 可知，在国家支持维度的 DEA 效率比较中，北京、西安、重庆实现了 DEA 相对有效。青岛市的总效率值仅为 0.06，在 16 个城市中排名第 15 位；

纯技术效率值为 0.64，在 16 个城市中排名第 12 位；规模效率值为 0.10，排名最后。说明青岛市应进一步提高技术转移中的政府支持力度。

从输入维度的改进率来看，青岛市企业使用来自政府部门的科技活动资金、企业研究开发费用加计扣除减免税、高新技术企业减免税、火炬计划专利授权数、火炬计划自有技术等指标上的改进率都较大，需切实提升政府在技术转移服务中的作用。

从输出的改进率来看，若青岛市仅依靠扩大技术交易市场规模来提升 DEA 效率，则需增加 15 倍的市场交易量，仅靠规模的增大来提升总效率并不可行。

根据国家支持维度的 DEA 效率测算结果，有如下建议。

（1）完善市场制度和环境。青岛市需要形成公平竞争、讲究诚信的市场环境；完善知识产权保护制度，建立有利于自主知识产权产生和转移的法制环境；培育社会创新的文化氛围，培育创新人才和创新精神，形成尊重个性、恪守诚信、公平竞争、激励探索、提倡冒尖、宽容失败的良好的创新文化和创新环境。

（2）制定实施促进技术转移的政策。技术转移涉及的经济政策和科技政策，主要包括：技术产权归属，分配政策；税收政策；金融政策；进出口政策；军民双向技术转移；大学和科研院所等。

在激励政策方面，下放知识产权的所有权，国家资助形成知识产权的成果归完成单位所有。通过权力下放来提高完成单位的积极性，促进技术转移。同时，允许发明人分享知识产权成果的收入，使其能够通过知识产权转移得到好处。

（3）组织和提供专业的服务。通过转变观念、创新制度、建立机制组织和提供专业的技术转移服务：一是对技术商品配置转化的程度进行等级评价，对一项技术进行技术经济的分析和评价，为企业提供判断标准；二是提供担保的制度，完善合同程序。

（4）争取国家技术转移政策创新试点。积极争取国家技术转移集聚区试点，积极营造鼓励科技创新的政策环境。积极争取科技成果处置和收益权改革政策试点，积极推动股权和分红激励试点，加大科技创新人才个人所得税的优惠力度，进一步激发科技人员实施和转化科技成果的积极性，推动技术创新。积极争取国家探索建立与市场需求相适应的系统性政策体系试点，解决成果转化中确权、知识产权价值评估、无形资产处置和收益分配等技术转移的关键问题。

（5）进一步加大技术转移的财政金融支持。青岛市可以借鉴国外做法，与民间资本共同组建投资基金和风险投资公司，作为提升技术转移服务效率的投融资平台，按市场机制和规律推动成果转化和技术转移。

在金融支持方面，加强中小企业信用担保体系建设，对创新活力强的企业予以重点扶持，促进科技型中小企业与商业银行建立稳定的银企关系。加强各类征信机构发展，加快建设企业和个人征信体系建设，促使商业银行给予中小企业金融支持并改善对科技型中小企业的金融服务；营造激励自主创新，鼓励和引导政策性银行等金融机构为国家重大科技项目提供金融服务，促进技术转移的金融环境的形成，加强政策性金融对自主创新和专利技术产业化的支持力度；进一步引导商业银行加强和改善对高新技术企业的金融服务，保障高新技术企业在专利技术转移过程中的可持续发展，根据国家产业政策和投资政策，积极给予企业各种信贷支持；进一步加强和改善对高新技术企业的保险服务，增加保险品种，完善保险种类，为高新技术企业的技术创新和技术转移提供优惠；为了有效地激励技术创新和推动技术转移，还应给予技术创新和转移主体贷款的安全保障，加强风险控制。

（6）规范高新技术园区的管理和服务。加强和支持红岛高新技术开发区、蓝色硅谷、西海岸新区的发展，除了给予各种政策优惠外，还应加强管理。充分发挥"一谷两区"对技术转移、科技创新的辐射作用，使其成为青岛市经济发展增长的重要一环。对高新技术企业制定一系列的优惠政策，包括税收、资金、信贷、基本建设、进出口业务、人事管理、产品价格等方面。

大力发展科技创业园区，加强大学科技园、留学人员创业园、科技企业孵化器等各类科技创业园建设，催生一批高科技产业新业态，促进高成长性科技企业持续涌现；加强园区资源整合，推动服务内容和运行机制创新，不断提高孵化能力和孵化效率；加快园区公共基础设施和服务条件建设，引导社会力量参与园区投资、建设和管理。实现各类创业园区孵化面积翻番，孵化高科技企业数量、单位产出效益大幅提高，成为科技创新和人才创业最活跃的载体。

第6章 青岛市技术转移服务体系的优化路径研究

6.1 技术转移服务体系

技术转移服务体系是技术转移系统的重要组成部分，是由诸多科技中介服务机构组成的。严格意义上，技术转移服务体系应该是一个多层次的、开放的、相互配套的市场化、网络化系统，它包含为技术转移工程服务的各个中间环节，是为科技企业创办、技术研发、成果推广、技术交易、风险投资、融资担保、人才交流、管理咨询、信息传递等方面提供多功能服务的网络系统，建立技术转移服务体系是一项复杂的系统工程。

图 6-1 是技术转移服务体系构成图。由图 6-1 可以看出技术转移服务体系的构成要素有信息咨询服务、成果转移服务、投资融资服务、法律服务和企业孵化服务。提供上述服务的一般都是中介机构，中介组织是指介于政府和市场主体之间、生产者与生产者之间、生产者与经营者之间、个人与社会组织之间专门从事服务、沟通、公证、监督等活动的经营实体。中介组织承担那些社会必须承担但政府和企业不宜或难以承担的事务，在市场体系中起着桥梁和纽带的作用。下面对几种科技中介服务机构作简要介绍。

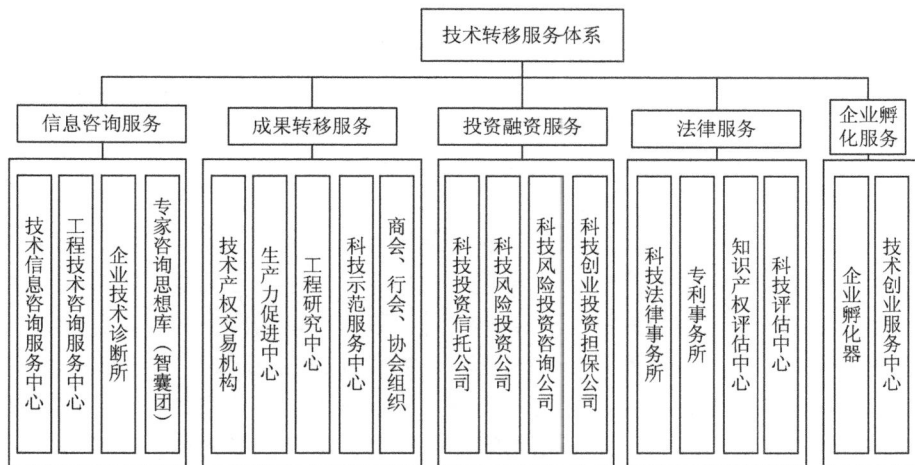

图 6-1 技术转移服务体系构成图

1. 技术信息和工程技术咨询服务中心

其主要功能是开展信息服务，根据用户的信息需求，提供相关的科技信息，为用户消除信息的不确定性和信息的不对称性，尽可能全面、及时、准确、真实地掌握信息，使信息得以充分合理利用，提高信息的使用效率。

2. 企业技术诊断所、专家咨询思想库

其市场地位是为企业技术疑难病症进行会诊，找出问题的原因，提出解决的办法和对策，或为企业的技术发展进行战略规划，并寻求发展思路。这类中介机构集中了各方面软、硬科学与工程的专家群体优势，群策群力，共同攻关，成为输出新思想、新方法、新知识的思想库，并有着较高的知识密集性和智力密集性。目前这类中介机构比较少，而市场需求潜力比较大，应看到这类中介机构的市场发展前景，运用政府宏观调控的手段，给予拉动，积极引导科研院所、高等学院创办这类中介服务机构，并在初创时期给予政策优惠。

3. 技术产权交易机构

这类机构目的是实现技术、知识转移的商业化，谋取最大的经济效益，交易的主要内容有专利代理、许可证办理、合同登记、交易合同认定、知识产权的认定与变更登记、技术软硬件产品等技术商品的买卖。技术产权交易可以采取协议转让、竞价、拍卖、招标、合作开发等方式。

4. 市属科技服务中介机构

这类机构主要包括生产力促进中心、科技示范服务中心、工程研究中心等中介机构，主要依托政府科技部门与大专院校和科研部门，直接参与服务对象技术创新过程。

生产力促进中心是政府推动企业技术进步的助动器，通过科技资源的组织，帮助企业建立技术创新体系，增强市场的核心竞争力，主要开展技术信息咨询、诊断、培训、代理、评估、交流、推广等服务，协助企业开拓市场，其服务功能已呈现多元化、整体化发展趋势。一些城市已创建了生产力促进中心、技术创新促进会，其他还有类似的产学研联合开发中心联系网等，已初步取得成效，尤其对中小企业的技术进步起到了重要推动作用。数量少，功能不完善，作用力度不大，服务方式单一，政策支持弱，这些都是急需解决的问题。

工程研究中心是将科研、开发、产品、市场融为一体的实体机构。重点解决科技成果产业化、市场化、规模化的问题，应加大政府扶持力度，完善技术创新的服务体系，形成技术带头人的梯度队伍，发挥科技排头兵作用。

科技示范服务中心主要从事技术转让、技术开发、技术攻关、技术培训、技术交流、技术咨询、成果转化等科技服务工作；积极推进科研与生产之间、城乡之间、军工和民用技术之间的协作与联合；促进企业的技术进步，为企业科技创

新提供科技支撑服务。政府在宏观政策引导和服务方面，应加大力度，拓展范围，进一步推动企业技术创新体系的建立，形成有效创新机制，鼓励走官、产、学、研、金联合体的发展道路。

5. 商会、行会、协会等科技中介组织

主要有民政部门注册登记的各类科技协会和行业自组织的企业协会，实行会员制，交纳会员费，机构向会员提供技术咨询、人员培训、成果转化、资质认证、信誉评估等中介业务，以最大可能为会员增加创收服务，部分行使行政职能，但要防止为了会员利益与社会公众利益相冲突甚至损害公众利益。这类中介组织按自组织原则运行，有很强的自律性，应给予宏观管理指导，充分发挥其内引外联的作用。当前的发展重在行业管理制度建设，规范行业行为，提高行业信誉。

6. 投资融资服务机构

主要包括科技投资信托公司、科技风险投资公司、科技风险投资咨询公司，科技创业投资担保公司。这类中介机构主要是为高新技术产业化的起步和发展进行风险投资、投资咨询和担保等，具有高投入、高风险、高收益的特点。高新技术产业的成长和发展，迫切需要中介机构的支持。这在我国目前还是一个新兴行业，尚处于探索阶段，政府十分重视风险事业的发展，提出了一些有利于其发展的政策。科技投资信托、风险投资咨询、担保还是空白。需要进一步完善风险投资市场的相关政策，培育国企、民营、外商等多元化投资主体，建立风险投资与退出风险投资的良好机制，搞好风险投资市场规划，优化投资环境，培养资本营运人才，为加快高新技术产业化提供广阔的资本市场。

7. 科技法律事务所和专利事务所

它们是为科技成果提供的法律服务，包括专利申报代理、专利纠纷的法律诉求、专利实施的保护、科技法律咨询、科技法律的事务代理等。目前一些城市已建立了专利事务代理机构，但法律支撑体系还较为薄弱，可率先选择一部分律师事务所组建科技法律事务所和专利事务所，政府科技部门应给予支持。

8. 知识产权评估中心和科技评估中心

它们承担着技术价值、技术背景、市场分析、商业化前景、技术的可开发性等内容的评估工作，同时开展科技项目的评估论证。目前知识产权评估中心和科技评估中心刚刚起步，科技部门应加强指导和监督，按照公开、公平、公正原则运行，确立其权威性、真实性和可信度。

9. 企业孵化器和技术创业服务中心

主要是孵化技术转移企业和中小企业，培养科技型企业家。从企业生长开始，为企业提供场地、后勤服务，制订经营规划，科研设备、资金贷款担保，提供律师、会计等专业人才培训，提供代理工商、税务手续等创业条件，从项目孵化入手，给予科技产品的开发—生产—市场全过程支持，旨在培育创新主体，使科技企业尽快成长起来，孵化出有市场竞争力的高新技术中小企业。一些城市已设立了高新技术创业服务中心，并组建了企业科技孵化器，围绕一批具有良好前景的技术项目，做出了有益的尝试。今后孵化器应加强与孵化企业的通力合作，建立种子基金，吸纳社会的风险资本，创造有利于创业投资的环境，形成有效的创业投资机制，促进孵化企业尽快成长。鼓励国企、民营和科研单位联合兴办科技企业孵化器。技术创业服务中心要强化为中小企业服务的功能，搞好信息服务、技术开发与推广、新技术交易服务、多渠道筹资服务及其他专业化服务。

6.2　青岛市技术转移服务体系基本框架的初步构想

6.2.1　技术转移服务体系基本框架

从严格意义上来说，技术转移服务体系应该是一个多层次的、开放的、相互配套的市场化、网络化系统，它包含为技术转移工程服务的各个中间环节，是为企业创办、技术研发、成果推广、技术交易、风险投资、融资担保、人才交流、管理咨询、信息传递等方面提供多功能服务的网络系统，建立技术转移服务体系是一项复杂的系统工程。通过分析，我们给出了技术转移服务系统运作的基本框架，如图 6-2 所示。

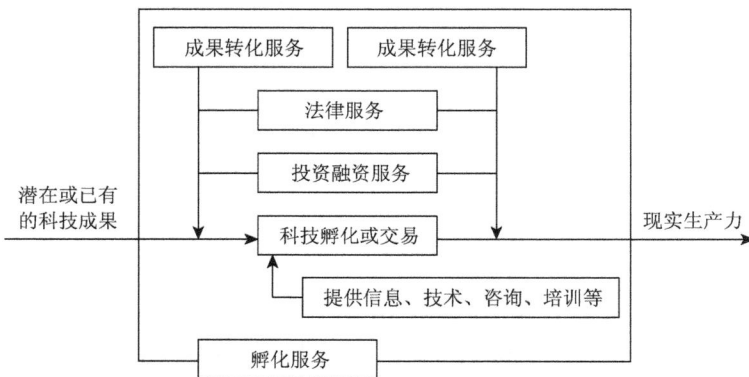

图 6-2　技术转移服务系统的基本框架

该系统输入的是潜在或已有科技成果，经科支孵化，输出的是现实生产力。从科技成果投入到科技孵化的过程是在为其提供转化服务的成果转化市场（主要是技术交易市场）中进行的，成果转化市场除了为其提供交易场地及常规管理外，还应提供和整合与科技成果转化相关的全方位服务，包括提供从技术项目收集、筛选、整理、加工、可行性分析及商业计划，到提供经营管理、市场营销、财务、人才、产权交易等方面的专业化中介服务。同时将专利、法律、会计、资产评估、风险投资、投融资的信用担保等中介服务融入技术交易市场中，以解决创新成果产生与转化过程中的法律规范问题和资金短缺问题。在科技孵化的过程中，有生产力促进中心为其提供技术、咨询、培训和创业等服务。科技孵化之后，成果转化市场又发挥同样的功能。这样就将科技成果转化为直接生产力。

在政府的正确引导和规范管理的基础上，为了实现技术转移服务机构的健康发展，政府应按照市场化的原则，加强扶持和转制，如图 6-3 所示。

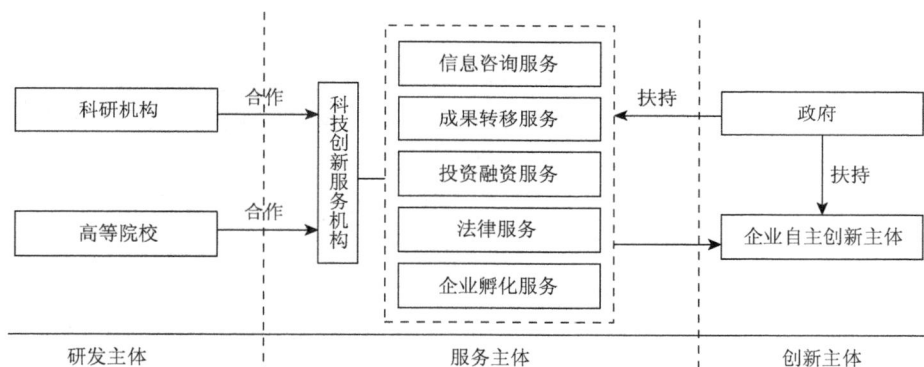

图 6-3 各主体间合作与扶持关系图

6.2.2 运作模式建议

1. 认识技术转移服务机构在科技成果转化中的重要作用

在市场经济体制下，技术转移服务机构以专业知识、专门技能为基础，与各类创新主体和要素市场建立紧密联系，为技术转移活动提供主要的支撑性服务，在有效降低创新风险、加速科技成果产业化进程中发挥着不可替代的关键作用，对加速培育高新技术产业和资源型城市的可持续发展具有重要战略意义。

2. 进一步转变政府职能

弱化政府对技术转移服务机构发展的行政干预，对技术转移服务机构能够承担的工作，特别是面向中小企业的技术转移计划、先进技术推广、扶持政策落实等，要积极委托有条件的技术转移服务机构组织实施，对重大事项决策、重大项目论证和重要工作部署要进一步依靠技术转移服务机构，支持其独立客观地开展工作，在推进决策科学化和民主化的同时，为技术转移服务机构创造广阔的发展空间。

3. 引导和鼓励技术转移服务活动

在政府税收等扶持政策的推动下，积极引导有条件的技术转移服务机构转制为股份制企业，成为自主经营、自负盈亏的经济实体。鼓励民间资本或社会资本对技术转移服务机构和对创新项目进行战略性投资，加速成果转化和高新产业成长，有效解决高新科技中小企业融资难的困境。

6.2.3　青岛市创新服务体系建设规划

1. 青岛市创新服务体系规划现状及问题

青岛市作为实施国家技术创新工程试点示范城市，围绕创新型城市建设，以促进科技与经济结合为主线，加快科技体制改革步伐，加快建立以企业为主体的技术转移服务体系。青岛市整合科技资源，创新机制体制，重点推进创新型企业、产业技术创新战略联盟、技术创新平台、高层次人才团队等载体建设，1998 年成立市属科技中介服务机构——青岛市生产力促进中心并于 2008 年完成重组，2003年开始承担我国唯一的国家技术创新体系建设企业研发中心试点，2008 年整合了科技部门所属企、事业单位成立了青岛市科技研发服务中心，2009 年开通青岛市技术转移综合服务平台，2010 年开通了大型科学仪器共享服务平台、科技文献共享服务平台，2010 年青岛市成功获批首个国家技术创新工程试点城市。目前，青岛已初步建成了以青岛市科技局、青岛市知识产权局、青岛软件园、青岛市生产力促进中心为主体的技术转移服务体系，建立了科技协作共用网、国家科技图书文献中心青岛服务站、山东半岛城市群科技型中小企业创新服务平台、青岛科技港、青岛科技宣传平台、青岛市科技文献信息资源公共服务平台等技术转移服务体系，为科技企业创办、技术研发、成果推广、技术交易、风险投资、融资担保、人才交流、管理咨询、信息传递等方面提供多功能服务的网络系统，以满足企业技术转移的各种需求。尽管如此，青岛市七区五市的技术转移服务体系还存在一些问题亟待解决。

（1）分布不均衡。目前，青岛市的技术转移服务中介机构主要集中在市内七区，而其他区市的技术转移服务中介机构则较少。

（2）中介机构门类不健全。尽管青岛市已经建立了一些服务中介机构，但相比于国际技术转移城市的技术转移服务中介机构的门类少一些，这样不利于更好地为中小企业技术转移提供服务。

（3）技术转移中介机构的服务功能还有待继续完善。有些技术转移中介机构虽然已有相关部门，但是，其服务功能还很薄弱，需要进一步加强。

（4）技术转移服务的信息化和网络化水平有待加强。信息化和网络化技术的应用，有利于技术转移服务资源的有机整合，提高服务的效率，方便企业和用户。但青岛市目前技术转移服务网络系统还没有完善，这将成为今后青岛市技术转移服务体系建设的一个重要方面。

（5）技术转移服务体系的规划及对策研究是青岛市技术转移服务体系建设的重要内容，应包括三个方面：一是区域分布规划；二是组织功能规划；三是信息网络规划。

2. 青岛市技术转移服务体系的区域规划

青岛市技术转移服务体系应力求做到覆盖青岛市整个区域，为青岛市所有企业技术转移服务。因此，青岛市技术转移服务体系的区域分布，应在更好地为青岛市技术转移服务的原则指导下进行规划。具体规划如下。

在青岛市科技局的指导下，对现有技术转移服务体系的区域分布进行进一步规划，将现有技术转移服务体系在地域上扩大到七区五市。以青岛市科技局为中心，向七区五市辐射，使得各区市都有相应的技术转移服务体系，如图6-4所示。

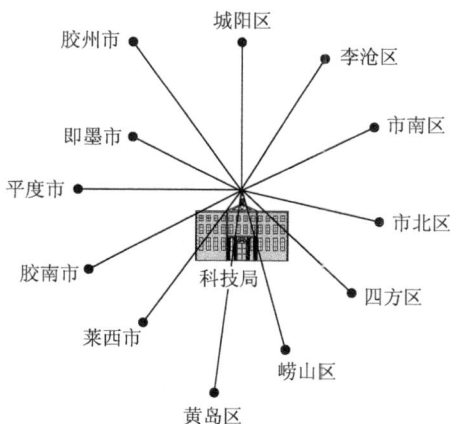

图6-4 青岛市技术转移服务体系区域规划

通过区域上的重新规划，使青岛市七区五市根据需要建立自己的技术转移服务中介机构，为本辖区的企业技术转移提供服务。在市（区）科技局的宏观调控下，将每个区域的同一种技术转移服务资源共享，取长补短，实现技术转移服务资源的有效利用。

6.3 青岛市技术转移服务体系功能规划及对策研究

青岛市技术转移服务体系可按其提供的服务功能简化为三类,如图 6-5 所示。第一类属综合服务类,包括生产力促进中心和创业服务中心。第二类属中介服务类,包括投融资服务体系、科技咨询服务体系和人才培训服务体系。第三类是成果转化服务类,包括市场拓展服务体系和科技交易市场。

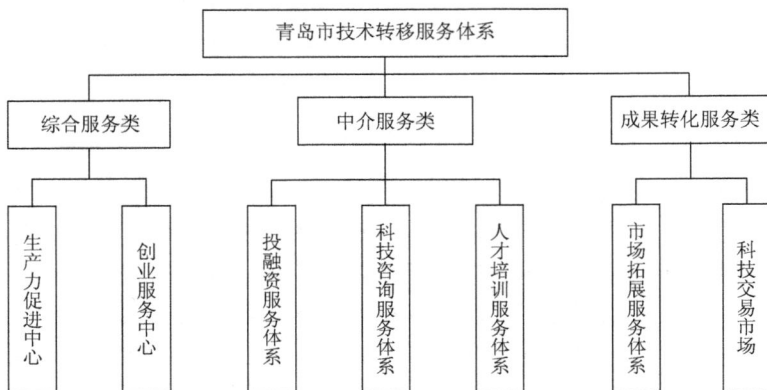

图 6-5 青岛市技术转移服务体系的组成

6.3.1 继续加强生产力促进中心的建设

生产力促进中心的主要功能是在中小企业与政府机构、科研机构、教育机构、金融机构等之间架起桥梁,通过整合社会科技资源,为中小企业提供技术信息、技术咨询、技术转让和人才培训等服务,提高中小企业的技术创新能力和市场竞争力,促进科技与经济的紧密结合。生产力促进中心应以市场需求为导向,加强自身核心服务能力建设,走专业化、规范化和国际化的道路。

青岛市科学技术信息研究所(青岛生产力促进中心)成立于 1960 年,2009 年12 月加挂青岛市科学技术发展战略研究所牌子,是青岛地区唯一的公益型综合性科技信息和科技发展战略研究咨询服务机构。现有全额事业编制人员 67 人。其中,具有博士研究生学历的有 3 人,具有硕士研究生学历的有 7 人,占全部人员的 12%;具有高级专业技术职务的有 13 人,具有中级专业技术职务人员 24 人,专业技术人员占全所人员的 73.1%。青岛生产力促进中心下设科技发展战略研究中心、科技预测与评价中心、科技情报研究中心、网络信息中心、科技宣传中心、科技培训中心、科研管理办公室、综合办公室、条件财务部等九个部门。目前,主要开展前瞻性、全局性和综合性的科技与经济战略、区域创新体系、科技发展预测与预见、科技政策与管理、科技项目评价与评估、科技信息资源开发与利用、科技情报分析、科技查新和科技翻译、宣传、培训等方面研究咨询服务工作。进入新的历史发展时期，应从以下几个方面强化生产力促进中心的建设。

（1）在市委、市政府、市科技局的正确领导下，以开展科技信息与发展战略研究，为政府高层、科技事业和创新主体提供及时、有效的科技决策信息支持服务为使命。紧紧围绕创新型城市建设，围绕青岛市技术转移工作和市科技局重点工作提供科技发展战略与科技信息咨询服务，不断满足经济和社会发展需求，为青岛市的创新型城市建设和经济发展做出更大的贡献。

（2）按照建立现代科技服务业的要求，进行制度创新，使生产力促进中心规范运行，并永远保持旺盛的活力。树立"创新求实"核心价值观；坚持"人才兴所、资源立所、技术强所"的发展理念；创建"知讯致智，资政谋远"服务品牌；努力实现成为能够有效支撑区域科技宏观管理与决策的"智囊团"与"知识库"的目标愿景。

（3）利用公益类科研院所体制改革的机遇，使一批科研机构整体或部分转制为生产力促进中心，加盟技术转移服务体系。推动一批符合条件的生产力促进中心，进入非营利机构的序列，并逐渐成为生产力促进中心的主体。

（4）加快发展民营生产力促进机构。民营生产力促进中心是民营科技企业的重要组成部分，是促进生产力发展的一支主力军。

6.3.2　完善创业服务中心功能

青岛市已建立了创业服务中心，并且取得了一些成果。今后，在技术转移服务体系中，把科技孵化体系建设定位为以孵化为核心任务的一个网络体系，首先是孵化工作的层次交替、网络交织的意识观念的培养，其次是孵化关系、孵化路径体系、创业氛围的营造。孵化系统建设不单是孵化器数量增加、面积增大，还要紧紧抓住其他孵化相关环节的建设，如投融资系统、政策体系等。孵化系统建设是一个整体向前推进的工作，是孵化资源网络化调配的过程，其最终目的就是疏通创新之路，推动高新技术产业化的进程。

为深化青岛市科技孵化系统的建设，创业服务中心的重点要从量的扩张转移到质的提高。具体工作思路有以下几点。

（1）整合创新服务资源。利用社会资源办好信息网站和为孵化企业服务的信息发布平台，通过网站及信息平台及时发布企业需求信息。建立孵化器及在孵企业数据库和管理系统，对高新技术产业孵化基地及在孵企业，进行定期评价和诊断，并为其提供解决方案。充分发挥技术服务平台的作用，为专业孵化器提供服务。

（2）加强孵化工作的指导和监督。目前孵化工作的运作流程中仍然有旧体制思路方法的痕迹，如人员的任用、投资决策等。要围绕这些问题采取措施，大力推进新型孵化工作理念。要组织专家组上门提供咨询服务。利用专家评估、咨询机构等深入调研，建立孵化机构监测系统，对孵化机构进行定期的测评。以此来影响孵化机构的投资人，帮助他们更加理性地规范孵化器的经营，在孵化系统中全面贯彻新型的现代运营思路。

（3）强化孵化机构的孵化功能。这里很重要的一个切入点就是管理者能力与素质的提高。通过"孵化基地"认定和复核等相应政策激励和优化孵化器的人力资源结构，通过一些评价指标来促使投资人调整孵化机构的团队素质，加强培训，开展国际合作与交流，提高孵化管理人员的综合能力。特别要增强孵化机构作为一个整体，对青岛市创新科技型企业进行融资与投资的能力。

6.3.3　整合投融资服务体系

融资难、贷款难是长期困扰青岛市中小企业发展的一个主要问题，我们在推动和实施中小企业技术创新工程过程中，不仅要出台一系列关于支持和推动中小企业技术转移的政策性文件，同时也要十分注重协助企业解决资金困难等实际问题。我们的做法是建立以政府为主导、银行参与、企业化运作为主要形式的面向中小企业的投融资担保服务系统。目前，应建立由中小企业信用担保中心、高新技术投资服务公司、技术转移投资公司及有关银行组成的一个面向中小企业的金融服务网络框架，达成共识，共同为技术含量高、发展前景好、管理规范的中小企业提供贷款担保服务。对大额贷款，将采取利益共享、风险共担、互保连保等多种形式，几家公司共同担保，共同为企业解决融资难的问题。

发展风险投资公司，提供技术转移风险资本。可能许多人都会将科技风险投资与股票、基金投资联系起来，认为它们都是一种风险投资，但我们所说的风险投资却是另一种意义，它是指把资金投向蕴藏着失败危险的高技术及其产品的研究开发领域，旨在促使新技术成果尽快商品化，以取得高资本收益的一种投资行为。与传统的银行贷款等投资方式相比，风险投资不需要任何抵押，它看中的是被投资企业未来的市场潜力，因而具有很大的"赌"的意味。但这种"赌"不是盲目的缺乏理智的投机，而是一种精明、有远见的冒险。由于没有任何财产做抵押，一旦失败将颗粒无收，所以风险是很大的。

尽管风险投资可以得到高收益，但其毕竟是一项高投入、高风险的活动，因此，为鼓励风险投资事业的发展，青岛市应该制定包括政府资助、税收优惠、政府担保在内的多种激励措施，而且为保持其长期性和权威性，应采取法律化、法规化的途径。具体说来，政府宜采取"支持而不控股，引导而不干涉"的态度来促进青岛市风险投资事业的发展。

6.3.4　建立科技咨询服务体系

建立科技咨询服务系统，为技术转移服务体系提供技术指导服务。一方面政府不断支持其面向技术咨询机构开展情况调研、政策研究、促进同行业交流等方面的服务工作；另一方面，自身要不断完善行业管理、规范服务行为、加强行业自律、提高行业信誉，逐步形成调控、协调、服务和培训功能，建立技术咨询行业自律机制。

根据青岛市中小企业技术转移服务需要，应建立以下咨询服务中介机构。

（1）政策咨询服务。青岛市科技咨询服务中心应开展社会公益性科技咨询服务，推动科技经济发展；全市科技咨询工作管理指导组织；科技咨询、决策咨询、管理咨询组织；科技成果转让，技术培训，科技信息采集、加工、处理和发布，信息系统建设、资料管理和咨询服务，新产品开发研制推广及销售。同时，应织织青岛市政府有关职能部门、青岛市高等院校、研究院所，聘请若干名热心企业发展、熟知政策规定的人员为组织成员，组成中小企业辅导团，为中小企业的设立、发展和调整提供专项政策咨询服务。

（2）投融资咨询服务。一是企业融资咨询服务。把企业对生产经营资金的需求信息，传递给相关银行及工业发展基金、科技开发基金等资金掌控部门，协助企业获取资金。帮助青岛市有条件进入国标或国内创业板市场、债券市场的中小企业做好咨询、论证等准备工作。二是资产变现咨询服务。以青岛市产权交易中心及闲置设备调剂中心等单位为中心，为中小企业的股权转让，以及厂房、特大有形和无形资产的交易、变现提供协助和咨询服务。

（3）法律援助服务。服务中心与法律援助中心等法律服务组织应建立固定协作关系，无偿或低价为中小企业提供各种法律咨询、代理及专项服务等法律援助，如成立专门为中小企业提供法律咨询的律师事务所等。

（4）信用评估服务。成立专门的信用评估机构，对企业的信用进行评估，为投资者提供企业信用方面的数据资料。

（5）财务管理咨询服务。对企业财务混乱、不能有效利用资金及资金短缺的状况，聘请会计师事务所有经验的会计师对中小企业进行代理记账，购买财务软件使中小企业的财务电算化。一方面节省资金，另一方面可以使资金得到充分利用。

（6）知识产权管理咨询服务。应进一步完善青岛市中小企业的知识产权管理，尤其是专利管理，为帮助青岛市中小企业进行知识产权管理及专利申请和保护工作，成立专门的服务中介机构提供中小企业所需要的相关管理知识，如商标注册服务、专利管理服务等。

6.3.5 建立人力培训服务体系

青岛市应重视人才，加强人才培养与引进，实施人才带动战略。

（1）人才引进服务。以青岛市人才交流中心、七区五市的职业介绍所等中介机构为主，采取多种形式帮助中小企业引进所需要的各类人才，代理企业档案管理、劳务中介、职称申报等手续。

（2）人才培训服务。青岛市应建设专业齐全、手段先进、水平一流、应用性强、与国际接轨的创新人才培训基地；建立统一开放的各类人才市场，提高人才市场社会化的服务水平，健全高级人才流动推荐体系；办好留学归国人员创业园，完善综合服务功能，建立一支高素质的科技服务人才队伍。与青岛各大院校联合建立企业培训基地，对企业的管理人员和技术人员进行专业培训，既包括厂长经理等高级管理人才，也包括会计、核算、营销等专业人员；培训方式采取讲座、短训班、函授、脱产等多种形式，培训内容可以包括生产经营方面的知识普及，也有金融、贸易、营销、财会等专业知识，以培养专业化复合型人才为主。

6.3.6 建立市场拓展服务体系

拓展市场是中小企业发展的重要条件。中小企业势单力薄，自己的人员不可能走遍五湖四海，因而开拓市场的能力有限，应建立拓展服务系统，帮助青岛市中小企业制定营销策略、创新营销方式、扩大营销渠道。

（1）网上销售服务。依靠青岛市信息中心、中国商品交易中心地区分部等单位形成内外贯通的网络系统，为中小企业进行产品推介，逐步形成网上销售体系。

（2）联点销售服务。利用青岛市现有驻外机构及企事业单位的经销点、联络站，以全国主要城市为依托，采用投资参股方式组建城市产品销售公司；运用委托代理、加盟、联销、分销、代销等多种形式，开展联销、联储、联运，变一点一品销售为一点多品联销，帮助中小企业合力拓展销售市场。

（3）营销顾问服务。组织有关专家、退休经理，为中小企业提高营销水平提供顾问服务，帮助中小企业进行营销、广告公关策划、推广现代营销思想和方法。

（4）营销活动服务。组织编印、制作中小企业产品目录、光盘、画册，通过多种渠道进行散发、推介；建立青岛市中小企业产品成果展示厅，为中小企业提供展览、展销服务，有计划地、有组织地举办各种展销会、订货会；组织代理中小企业进出口业务；指导中小企业获得政府采购订单，参加政府采购项目招标。

（5）出口中介服务。依靠青岛市、国家驻外机构、贸易促进会和其他各种民间组织信息渠道的潜力，为青岛市中小企业提供各种出口信息服务。通过国外驻华的各种商务机构、各种展销会，把青岛市中小企业及其产品介绍到世界各国，为其提供参与国际合作的机会。

6.3.7　完善科技交易市场体系

技术交易市场在为技术供需双方沟通联系、促进技术成交和成果转化、推动高新技术成果产业化等方面起着十分重要的作用。建立青岛市科技交易市场体系应该注意以下几个方面。

（1）给予科技交易市场更多的政策支持。由政府职能部门授予现有的交易市场以一定的政府行为，对一些新成果、新技术的转让"强制"入场交易，对转让成功的技术或成果在立项、科技贷款贴息等方面给予支持；同时，对自愿入场交易的双方由技术市场管理部门制定优惠管理办法，如减免收费或不收费等，在此基础上不断扩大交易的数量、质量和范围。

（2）进一步加强科技市场的法制化建设。对近年来出现的科技入股、科技招投标、涉外科技交易、科技产权交易、网络电子科技交易等形式做出适当的法律界定。进一步规范科技交易方式，确定科技市场行为主体的社会关系及经营关系，明确权利、义务及责任。

（3）完善科技市场网络体系，强化科技市场管理机构的服务意识。由目前更多的单纯提供交易场地及常规管理，逐步形成以为企业提供包括技术项目收集、筛选、整理、加工、可行性分析及商业计划等的全方位服务。建立青岛市的"技术交易网"，发布技术成果及技术需求信息，开展网络电子科技交易，为青岛市的企业提供场外技术交流和服务平台。

6.3.8　青岛市技术转移服务网络平台建设

青岛市地域辽阔，七区五市跨度很大，其技术转移服务体系之间相对距离较远，不同区（市）的同一服务中介机构很难同时为一个企业服务，各个部门之间也不能及时进行合作交流，更好地为中小企业技术转移服务。所以，整合青岛市技术转移资源，组建青岛市七区五市的技术转移服务网络平台是十分必要的。运用网络技术实现产学研协同创新，是网络时代给予青岛市的一个难得的历史机遇，也是强化青岛市技术转移的重要路径之一。因此，应该将基于网络的技术合作创新交互平台建设作为青岛市技术转移服务体系建设的重要内容。这一平台的建设应依托青岛市良好的信息基础设施和基础设施结构，以强化产学研合作创新为目标，最大限度地促进信息、技术和各种物质的合理流动，以各种"流"的形式带动技术的创新、保存和转化，使青岛市技术创新展现出更加旺盛的活力，从而为青岛市的技术转移资源在更大范围乃至全球范围内实现优化配置提供可能。可以采取下列思路进行网络平台建设。

一是以青岛市"青岛科技港"为突破口,建立技术转移服务信息平台。该平台应包括政策法规库、科技成果库、企业难题招标库、专家库、技术转移服务中心,并与中国科技创新网及其他相关城市的技术转移网全面对接。按青岛市的行政区位,将技术转移服务中心分解为各区、县的技术转移服务子系统,在各子系统下设科技孵化、生产力促进服务网、咨询服务网、投融资服务网、人才供需网等,由此形成纵向到底,横向到边的全方位、多层次、宽领域的技术转移服务网络信息系统,使供需双方随时可上网查询、联系与交易,缩短科研机构、大学与企业间的沟通距离和时间。

二是采取"小核心、大网络"的组织形式,有效整合科技中介资源。"小核心"是指技术转移服务体系的核心层,由技术转移服务机构自身的人员组成;"大网络"是指充分利用社会优势资源,选择适合技术转移服务机构业务开展的合作伙伴,形成动态联盟,逐渐形成目标一致、相互协调、动态有序、不断发展的网络化的技术转移服务组织体系。

上述技术转移服务网络信息系统经过一段时间运行后,可以青岛科技港为核心,将所有技术转移服务网络整合到一起,建立青岛市技术转移综合服务网络系统,实现技术转移网络服务的有机集成。其目标模式如图 6-6 所示。

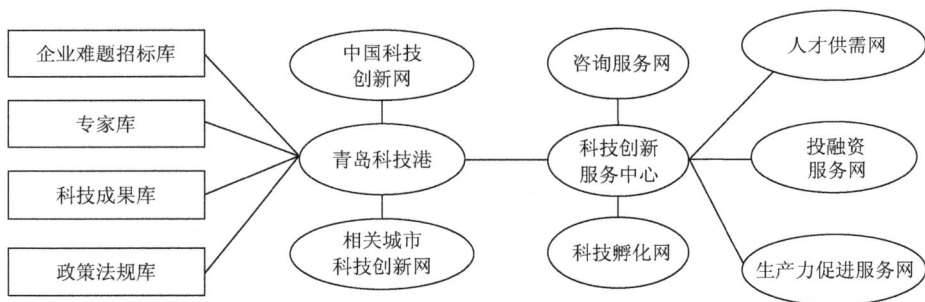

图 6-6　青岛市技术转移服务网络目标模式

以青岛科技港为中心,将原来分散的各个技术转移服务网络合并到科技成果转化网内,构建青岛市技术转移服务信息网。通过各个服务网络的综合集成,能够将青岛市七区五市的技术转移服务资源整合到一起,便于为企业的信息查询和技术转移提供优化服务,同时也能够实现七区五市技术转移服务资源的共享和优势互补。

参 考 文 献

[1] Tran T，Daim T，Kocaoglu D. Comparison of technology transfer from government labs in the US and Vietnam. Technology in Society，2011，（33）：84-93

[2] Rebentisch E S，Ferretti M. A knowledge asset-based view of technology transfer in international joint ventures. Journal of Engineering and Technology Management，1995，（12）：1-25

[3] Siegel D S，Waldman D A，Atwater L E，et al. Toward a model of the effective transfer of scientific knowledge from academicians to practitioners：qualitative evidence from the commercialization of university technologies. Journal of Engineering and Technology Management，2004，（21）：115-142

[4] Harris D，Harris F J. Evaluating the transfer of technology between application domains：a critical evaluation of the human component in the system. Technology in Society，2004，（26）：551-565

[5] Minutolo M，Potter J. An introduction to entrepreneurial separation to transfer technology programs. The Journal of High Technology Management Research，2011，（22）：114-120

[6] Gibson D V，Smilor R W. Key variables in technology transfer：a field-study based empirical analysis. Journal of Engineering and Technology Management，1991，（8）：287-312

[7] Phillips R G. Technology business incubators：how effective as technology transfer mechanisms？Technology in Society，2002，（24）：299-316

[8] King D R，Nowack M L. The impact of government policy on technology transfer：an aircraft industry case study. Journal of Engineering and Technology Management，2003，（4）：303-318

[9] Malik K. Aiding the technology manager: a conceptual model for intra-firm technology transfer. Technovation，2002，（22）：427-436

[10] Lee A H I，Wang W-M，Lin T-Y. An evaluation framework for technology transfer of new equipment in high technology industry. Technological Forecasting and Social Change，2010，（77）：135-150

[11] Guan J C，Mok C K，Yam R C M，et al. Technology transfer and innovation performance：evidence from Chinese firms. Technological Forecasting and Social Change，2006，（73）：666-678

[12] McAdam R，Miller K，McAdam M，et al. The development of university technology transfer stakeholder relationships at a regional level：lessons for the future. Technovation，2012，（32）：57-67

[13] 孙红燕，刘志彪. 中国本土企业国际代工中技术转移程度的测算. 世界经济研究，2012，（5）：71-75

[14] 许斌，陈敏艳，盛永祥，等. 嵌入性对不同模式技术转移的影响研究. 科技进步与对策，2010，（24）：1-5

[15] 崔学勤，王克，邹骥. 中国风机制造技术转移模式与技术进步效果评价. 中国人口·资源与环境，2011，（3）：64-70

[16] 安同良，刘伟伟，田莉娜. 中国长江三角洲地区技术转移的渠道分析. 南京大学学报（哲学·人文科学·社会科学版），2011，（4）：61-71

[17] 姜黎辉，张朋柱. 跨国合资企业稳定性预期与技术转移策略关系研究. 中国软科学，2003，（7）：75-79

[18] 顾保国，乔延清，顾炜宇. 跨国公司技术转移溢出效应区域差异分析. 中国软科学，2005，（10）：100-105

[19] 伍虹儒. 德国企业在华直接投资中的技术转移活动实证分析. 科技管理研究，2010，（6）：144-146

[20] 刘洪民. 加强大学技术转移体系建设的思考——基于国家技术转移促进行动. 技术与创新管理，2010，（3）：279-281

[21] 侯健敏，党兴华. 研发合作及技术转移影响区域创新能力路径研究. 科学学与科学技术管理，2010，（9）：56-61

[22] 刘和东，施建军. 自主创新、技术转移与经济增长关系的实证检验. 统计与决策，2009，（15）：80-82

[23] 罗鹏，钱永坤. 企业战略、东道国市场、制度与跨国公司在华技术转移——基于日本在华企业的问卷调查. 经济管理，2009，（5）：72-79

[24] 郑迎飞，陈宏民. 外贸银行市场进入：方式、技术转移和东道国政策. 上海金融，2006，（6）：26-28

[25] 周凤华，朱雪忠. 资源因素与大学技术转移服务效率研究. 研究与发展管理，2007，（5）：87-94

[26] 郑伟. 技术转移与经济增长研究——基于科技支撑和引领经济发展的视角. 数量经济技术经济研究，2008，（10）：3-16

[27] 贾利军. 国际技术转移与我国技术创新. 经济问题，2008，（3）：26-28

[28] 李海超. 国防军工技术转移效益评价方法研究. 软科学，2008，（8）：11-13

[29] 陈占勇，李斌，王红江. 非对称信息条件下技术转移的成本分析. 科技进步与对策，2005，（9）：92-94

[30] 朱方伟，王永强，唐丽艳. 技术转移中隐性知识转化的研究. 科学学与科学技术管理，2004，（11）：79-82

[31] 和金生，崔巍. 技术转移协商谈判系统方法探讨. 系统工程理论与实践，1999，（2）：32-38

[32] 陈珠明. 技术转移模型研究. 科技管理研究，1996，（2）：26-28

附　　录

附表 1　数据未处理前各指标相关性

	X_1	X_2	X_3	X_4	X_5	X_6	X_7	X_8	X_9	X_{10}	X_{11}	X_{12}	X_{13}	X_{14}	X_{15}	X_{16}	X_{17}	X_{18}	X_{19}	X_{20}	X_{21}	X_{22}	X_{23}	X_{24}	X_{25}
X_1	1	0.989**	0.754**	0.618**	0.122	0.731**	0.997**	0.909**	0.395	0.314	0.474	0.181	0.209	-0.079	-0.182	0.947**	0.924**	0.954**	0.512**	0.961**	0.608**	0.275	0.622	0.674**	0.806**
X_2	0.989**	1	0.748**	0.609**	0.123	0.742**	0.990**	0.901**	0.421	0.324	0.523*	0.152	0.164	-0.009	-0.109	0.935**	0.905**	0.940**	0.472	0.952**	0.609**	0.313	0.640**	0.719**	0.822**
X_3	0.754**	0.748**	1	0.976**	0.609**	0.841**	0.736**	0.799**	0.595**	0.503**	0.470	-0.060	-0.041	-0.015	-0.176	0.624**	0.556**	0.601**	0.216	0.621**	0.657**	0.544*	0.769**	0.507**	0.655**
X_4	0.618**	0.609**	0.976**	1	0.704**	0.798**	0.594**	0.681**	0.619**	0.544*	0.434	-0.104	-0.092	0.044	-0.152	0.474	0.404	0.446	0.133	0.470	0.637**	0.577*	0.728**	0.361	0.508*
X_5	0.122	0.123	0.609**	0.704**	1	0.692**	0.070	0.380	0.830**	0.820**	0.566*	-0.023	-0.044	0.260	-0.008	-0.119	-0.180	-0.147	-0.231	-0.112	0.673**	0.827**	0.693**	0.034	0.157
X_6	0.731**	0.742**	0.841**	0.798**	0.692**	1	0.699**	0.845**	0.843**	0.774**	0.709**	-0.006	-0.021	0.201	-0.018	0.566*	0.490	0.528*	0.207	0.561*	0.911**	0.790**	0.938**	0.527*	0.649**
X_7	0.997**	0.990**	0.736**	0.594**	0.070	0.699**	1	0.893**	0.346	0.258	0.439	0.147	0.175	-0.094	-0.181	0.961**	0.940**	0.969**	0.522*	0.975**	0.564*	0.226	0.588*	0.681**	0.801**
X_8	0.909**	0.901**	0.799**	0.681**	0.380	0.845**	0.893**	1	0.591**	0.504**	0.608**	0.136	0.157	0.041	-0.124	0.803**	0.773**	0.798**	0.467	0.801**	0.729**	0.499*	0.766**	0.669**	0.793**
X_9	0.395	0.421	0.595**	0.619**	0.830**	0.843**	0.346	0.591**	1	0.955**	0.724**	0.077	0.039	0.549*	0.275	0.158	0.122	0.142	0.027	0.166	0.889**	0.956**	0.840**	0.343	0.407
X_{10}	0.314	0.324	0.503**	0.544*	0.820**	0.774**	0.258	0.504**	0.955**	1	0.761**	0.197	0.148	0.491	0.228	0.084	0.027	0.058	-0.042	0.095	0.856**	0.935**	0.791**	0.244	0.326
X_{11}	0.474	0.523*	0.470	0.434	0.566*	0.709**	0.439	0.608**	0.724**	0.761**	1	0.397	0.318	0.268	0.132	0.289	0.213	0.283	-0.108	0.348	0.702**	0.702**	0.669**	0.476	0.493
X_{12}	0.181	0.152	-0.060	-0.104	-0.023	-0.006	0.147	0.136	0.077	0.197	0.397	1	0.987**	-0.192	-0.190	0.075	0.072	0.098	-0.136	0.123	0.213	0.054	-0.001	0.104	0.158
X_{13}	0.209	0.164	-0.041	-0.092	-0.044	-0.021	0.175	0.157	0.039	0.148	0.318	0.987**	1	-0.264	-0.251	0.102	0.121	0.138	-0.072	0.154	0.189	-0.005	-0.036	0.085	0.157
X_{14}	-0.079	-0.009	-0.015	0.044	0.260	0.201	-0.094	0.041	0.549*	0.491	0.268	-0.192	-0.264	1	0.831**	-0.156	-0.117	-0.149	0.145	-0.168	0.308	0.576*	0.284	0.193	0.060
X_{15}	-0.182	-0.109	-0.176	-0.152	-0.008	-0.018	-0.181	-0.124	0.275	0.228	0.132	-0.190	-0.251	0.831**	1	-0.237	-0.191	-0.193	-0.031	-0.212	0.007	0.351	0.075	0.334	0.106
X_{16}	0.947**	0.935**	0.624**	0.474	-0.119	0.566*	0.961**	0.803**	0.158	0.084	0.289	0.075	0.102	-0.156	-0.237	1	0.973**	0.984**	0.638**	0.982**	0.442	0.061	0.478	0.643**	0.751**
X_{17}	0.924**	0.905**	0.556**	0.404	-0.180	0.490	0.940**	0.773**	0.122	0.027	0.213	0.072	0.121	-0.117	-0.191	0.973**	1	0.988**	0.735**	0.972**	0.394	-0.013	0.371	0.622**	0.700**
X_{18}	0.954**	0.940**	0.601**	0.446	-0.147	0.528*	0.969**	0.798**	0.142	0.058	0.283	0.098	0.138	-0.149	-0.193	0.984**	0.988**	1	0.635**	0.994**	0.393	0.017	0.412	0.651**	0.745**
X_{19}	0.512**	0.472	0.216	0.133	-0.231	0.207	0.522*	0.467	0.027	-0.042	-0.108	-0.136	-0.072	0.145	-0.031	0.638**	0.735**	0.635**	1	0.577*	0.263	-0.070	0.142	0.309	0.323
X_{20}	0.961**	0.952**	0.621**	0.470	-0.112	0.561*	0.975**	0.801**	0.166	0.095	0.348	0.123	0.154	-0.168	-0.212	0.982**	0.972**	0.994**	0.577*	1	0.423	0.042	0.433	0.648**	0.739**
X_{21}	0.608**	0.609**	0.657**	0.637**	0.673**	0.911**	0.564*	0.729**	0.889**	0.856**	0.702**	0.213	0.189	0.308	0.007	0.442	0.394	0.393	0.263	0.423	1	0.825**	0.867**	0.411	0.506*
X_{22}	0.275	0.313	0.544*	0.577*	0.827**	0.790**	0.226	0.499*	0.956**	0.935**	0.702**	0.054	-0.005	0.576*	0.351	0.061	-0.013	0.017	-0.070	0.042	0.825**	1	0.866**	0.367	0.421
X_{23}	0.622	0.640**	0.769**	0.728**	0.693**	0.938**	0.588*	0.766**	0.840**	0.791**	0.669**	-0.001	-0.036	0.284	0.075	0.478	0.371	0.412	0.142	0.433	0.867**	0.866**	1	0.576**	0.718**
X_{24}	0.674**	0.719**	0.507**	0.361	0.034	0.527*	0.681**	0.669**	0.343	0.244	0.476	0.104	0.085	0.193	0.334	0.643**	0.622**	0.651**	0.309	0.648**	0.411	0.367	0.576**	1	0.922**
X_{25}	0.806**	0.822**	0.655**	0.508*	0.157	0.649**	0.801**	0.793**	0.407	0.326	0.493	0.158	0.157	0.060	0.106	0.751**	0.700**	0.745**	0.323	0.739**	0.506*	0.421	0.718**	0.922**	1

**表示在 0.01 水平上显著相关；*表示在 0.05 水平上显著相关

附表2　数据处理后各指标相关性

	X_1	X_2	X_3	X_4	X_5	X_6	X_7	X_8	X_9	X_{10}	X_{11}	X_{12}	X_{13}	X_{14}	X_{15}	X_{16}	X_{17}	X_{18}	X_{19}	X_{20}	X_{21}	X_{22}	X_{23}	X_{24}	X_{25}
X_1	1	0.831**	0.699**	0.700**	0.286	0.563*	0.992**	0.899**	0.596*	0.344	0.117	0.284	0.246	-0.328	-0.348	0.580*	0.548*	0.597*	0.467	0.499	0.715**	0.464	0.513*	0.398	0.489
X_2	0.831**	1	0.788**	0.733**	0.383	0.661**	0.838**	0.771**	0.676**	0.460	0.368	0.449	0.429	-0.310	-0.256	0.481	0.558*	0.580*	0.233	0.391	0.670**	0.675**	0.624**	0.710**	0.679**
X_3	0.699**	0.788**	1	0.968**	0.590**	0.733**	0.719**	0.684**	0.676**	0.227	0.288	0.118	0.176	-0.414	-0.391	0.469	0.280	0.399	-0.020	0.176	0.357	0.559*	0.708**	0.540*	0.660**
X_4	0.700**	0.733**	0.968**	1	0.618**	0.757**	0.721**	0.659**	0.589**	0.225	0.294	0.125	0.175	-0.334	-0.365	0.525*	0.245	0.401	-0.011	0.225	0.400	0.535*	0.683**	0.411	0.512*
X_5	0.286	0.383	0.590**	0.618**	1	0.354	0.259	0.334	0.348	0.262	0.478	0.221	0.294	-0.005	-0.173	-0.046	-0.210	-0.157	-0.430	-0.207	0.142	0.439	0.394	0.017	0.232
X_6	0.563*	0.661**	0.733**	0.757**	0.354	1	0.637**	0.568*	0.495	0.245	0.240	0.054	0.091	-0.201	-0.168	0.508*	0.267	0.383	0.066	0.493	0.497	0.494	0.696**	0.469	0.411
X_7	0.992**	0.838**	0.719**	0.721**	0.259	0.637**	1	0.897**	0.589**	0.302	0.097	0.237	0.205	-0.343	-0.359	0.599**	0.548*	0.596*	0.447	0.494	0.701**	0.446	0.529*	0.421	0.484
X_8	0.899**	0.771**	0.684**	0.659**	0.334	0.568*	0.897**	1	0.646**	0.339	0.013	0.219	0.156	-0.204	-0.156	0.545*	0.467	0.608*	0.383	0.404	0.675**	0.570*	0.584*	0.490	0.557*
X_9	0.596*	0.676**	0.676**	0.589**	0.348	0.495	0.589**	0.646**	1	0.700**	0.219	0.433	0.347	-0.240	-0.102	0.336	0.531*	0.583*	0.424	0.361	0.781**	0.804**	0.661**	0.646**	0.645**
X_{10}	0.344	0.460	0.227	0.225	0.262	0.245	0.302	0.339	0.700**	1	0.345	0.401	0.344	0.346	0.345	0.285	0.389	0.462	0.380	0.426	0.525*	0.777**	0.632**	0.487	0.448
X_{11}	0.117	0.368	0.288	0.294	0.478	0.240	0.097	0.013	0.219	0.345	1	0.765**	0.873**	-0.229	-0.290	-0.191	-0.249	-0.192	-0.428	-0.084	0.074	0.307	0.291	0.173	0.242
X_{12}	0.284	0.449	0.118	0.125	0.221	0.054	0.237	0.219	0.433	0.401	0.765**	1	0.974**	-0.138	-0.032	0.035	0.177	0.217	0.012	0.214	0.477	0.381	0.153	0.329	0.270
X_{13}	0.246	0.429	0.176	0.175	0.294	0.091	0.205	0.156	0.347	0.344	0.873**	0.974**	1	-0.240	-0.102	-0.065	0.039	0.072	-0.139	0.107	0.340	0.318	0.152	0.276	0.260
X_{14}	-0.328	-0.310	-0.414	-0.334	-0.005	-0.201	-0.343	-0.204	-0.240	0.346	-0.229	-0.138	-0.240	1	0.820**	-0.230	-0.116	-0.027	0.180	-0.042	0.120	0.328	0.102	-0.102	-0.138
X_{15}	-0.348	-0.256	-0.391	-0.365	-0.173	-0.168	-0.359	-0.156	-0.102	0.345	-0.290	-0.032	-0.102	0.820**	1	-0.290	-0.187	-0.005	0.140	-0.019	0.035	0.321	0.094	0.032	-0.059
X_{16}	0.580*	0.481	0.469	0.525*	-0.046	0.508*	0.599**	0.545*	0.336	0.285	-0.191	0.035	-0.065	-0.230	-0.290	1	0.704**	0.822**	0.553*	0.679**	0.666**	0.354	0.459	0.397	0.269
X_{17}	0.548*	0.558*	0.280	0.245	-0.210	0.267	0.548*	0.467	0.531*	0.389	-0.249	0.177	0.039	-0.116	-0.187	0.704**	1	0.898**	0.926**	0.850**	0.732**	0.349	0.245	0.614**	0.399
X_{18}	0.597*	0.580*	0.399	0.401	-0.157	0.383	0.596*	0.608*	0.583*	0.462	-0.192	0.217	0.072	-0.027	-0.005	0.822**	0.898**	1	0.834**	0.832**	0.781**	0.526*	0.473	0.666**	0.497
X_{19}	0.467	0.233	-0.020	-0.011	-0.430	0.066	0.447	0.383	0.424	0.380	-0.428	0.012	-0.139	0.180	0.140	0.553*	0.926**	0.834**	1	0.829**	0.646*	0.189	0.181	0.327	0.252
X_{20}	0.499	0.391	0.176	0.225	-0.207	0.493	0.494	0.404	0.361	0.426	-0.084	0.214	0.107	-0.042	-0.019	0.679**	0.850**	0.832**	0.829**	1	0.686**	0.202	0.269	0.362	0.185
X_{21}	0.715**	0.670**	0.357	0.400	0.142	0.497	0.701**	0.675**	0.781**	0.525*	0.074	0.477	0.340	0.120	0.035	0.666**	0.732**	0.781**	0.646*	0.686**	1	0.606*	0.450	0.474	0.368
X_{22}	0.464	0.675**	0.559*	0.535*	0.439	0.494	0.446	0.570*	0.804**	0.777**	0.307	0.381	0.318	0.328	0.321	0.354	0.349	0.526*	0.189	0.202	0.606*	1	0.843**	0.721**	0.709**
X_{23}	0.513*	0.624**	0.708**	0.683**	0.394	0.696**	0.529*	0.584*	0.661**	0.632**	0.291	0.153	0.152	0.102	0.094	0.459	0.245	0.473	0.181	0.269	0.450	0.843**	1	0.658**	0.779**
X_{24}	0.398	0.710**	0.540*	0.411	0.017	0.469	0.421	0.490	0.646**	0.487	0.173	0.329	0.276	-0.102	0.032	0.397	0.614**	0.666**	0.327	0.362	0.474	0.721**	0.658**	1	0.846**
X_{25}	0.489	0.679**	0.660**	0.512*	0.232	0.411	0.484	0.557*	0.645**	0.448	0.242	0.270	0.260	-0.138	-0.059	0.269	0.399	0.497	0.252	0.185	0.368	0.709**	0.779**	0.846**	1

**表示在0.01水平上显著相关；*表示在0.05水平上显著相关

附表 3　青岛市与全国各省、市 DEA 效率比较

DMU	总效率	纯技术效率	规模效率	规模度	改进率/%							
					高新技术企业技术收入	消化吸收经费支出	技术改造经费支出	地方高等学校技术转移金额	各地区研究开发机构专利所有权转让及许可收入	企业使用来自政府部门的科技活动资金	企业研究开发费用加计扣除减免税	输出技术成交金额
安徽	0.19	0.21	0.88	递减	81.43	81.43	83.27	81.43	81.43	83.34	81.43	13.71
北京	1.00	1.00	1.00	不变	0	0	0	0	0	0	0	0
长春	1.00	1.00	1.00	不变	0	0	0	0	0	0	0	0
成都	0.45	0.55	0.82	递增	85.44	55.05	88.09	55.05	57.90	79.79	55.05	3.98
大连	0.58	0.59	1.00	递增	41.56	41.56	66.99	76.29	95.79	63.67	58.21	0
福建	0.72	0.81	0.89	递增	28.05	69.02	79.43	28.05	28.05	65.38	86.78	3.54
甘肃	1.00	1.00	1.00	不变	0	0	0	0	0	0	0	0
广东	0.88	1.00	0.88	递减	11.79	11.79	23.84	11.79	83.26	42.79	79.45	0
广西	0.29	0.73	0.40	递增	70.71	82.69	95.78	70.71	70.71	93.72	86.55	80.51
广州	0.36	0.59	0.61	递减	64.62	64.04	64.04	64.06	64.07	64.04	64.04	31.88
贵州	0.53	1.00	0.53	递增	47.48	47.48	99.80	47.48	98.61	73.36	63.94	112.61
哈尔滨	1.00	1.00	1.00	不变	0	0	0	0	0	0	0	0
河北	0.68	0.76	0.90	递减	32.13	32.13	68.84	55.58	32.13	32.13	67.74	244.91
河南	0.13	0.16	0.80	递增	87.01	87.01	91.01	87.01	87.01	87.22	87.45	13.48
黑龙江	0.47	0.57	0.82	递减	53.35	53.35	53.63	53.35	53.35	54.25	53.35	30.58
湖北	1.00	1.00	1.00	不变	0	0	0	0	0	0	0	0
湖南	0.51	0.51	1.00	递减	48.88	86.78	87.45	48.88	48.88	62.47	94.93	3.42
吉林	0.65	0.80	0.82	递减	34.52	38.82	50.45	53.95	34.52	45.18	39.21	28.48
江苏	0.87	1.00	0.87	递减	12.71	77.66	66.84	12.71	12.71	15.27	62.10	18.28
江西	1.00	1.00	1.00	不变	0	0	0	0	0	0	0	0
辽宁	0.86	1.00	0.86	递减	13.84	13.84	50.90	13.84	84.68	54.61	13.84	0
南京	1.00	1.00	1.00	不变	0	0	0	0	0	0	0	0
宁波	0.21	0.58	0.36	递增	79.09	87.43	86.76	89.79	79.09	79.09	95.77	0
青岛	0.35	0.77	0.45	递增	65.33	81.15	77.97	65.33	65.33	65.33	71.38	0
山东	0.35	0.44	0.79	递减	65.35	80.71	77.99	65.35	65.35	65.35	71.52	0
山西	0.51	0.65	0.79	递增	48.66	86.57	84.96	48.66	48.66	78.64	86.55	23.58
陕西	0.80	1.00	0.80	递减	20.03	71.93	20.03	78.63	20.03	70.98	21.24	0

续表

DMU	总效率	纯技术效率	规模效率	规模度	改进率/%							
					高新技术企业技术收入	消化吸收经费支出	技术改造经费支出	地方高等学校技术转移金额	各地区研究开发机构专利所有权转让及许可收入	企业使用来自政府部门的科技活动资金	企业研究开发费用加计扣除减免税	输出技术成交金额
上海	1.00	1.00	1.00	不变	0	0	0	0	0	0	0	0
深圳	1.00	1.00	1.00	不变	0	0	0	0	0	0	0	0
沈阳	1.00	1.00	1.00	不变	0	0	0	0	0	0	0	0
四川	0.97	1.00	0.97	递增	2.61	2.61	77.62	46.44	87.53	58.72	25.09	0
天津	1.00	1.00	1.00	不变	0	0	0	0	0	0	0	0
武汉	1.00	1.00	1.00	不变	0	0	0	0	0	0	0	0
西安	1.00	1.00	1.00	不变	0	0	0	0	0	0	0	0
厦门	1.00	1.00	1.00	不变	0	0	0	0	0	0	0	0
云南	1.00	1.00	1.00	不变	0	0	0	0	0	0	0	0
浙江	0.21	0.22	0.95	递减	80.56	78.82	79.87	88.30	78.82	78.82	92.25	0
重庆	0.71	1.00	0.71	递减	29.41	29.41	29.41	75.12	29.41	29.41	39.37	0